こうして顧客は去っていく

サイレントカスタマーを
つなぎとめる
リテンションマーケティング

That's why customers leave
Retention Marketing to Maintain Silent Customers

宮下雄治 Miyashita Yuji

日本実業出版社

はじめに

押し寄せる企業淘汰の波

2023年の倒産件数は、全業種が2年連続で前年を上回り、過去30年で最も高い増加率（30・6％）の8881件となりました（帝国データバンク）。

倒産の理由を見ると、原材料や燃料の価格高騰や人件費の上昇、人手不足や後継者の問題などさまざまですが、最も多いのが「販売不振」で実に全体の約8割を占めています。

一定の利用者を集めたサービスでも、生き残ることが難しい時代になりました。コロナ禍で進行したデジタルシフトがここにきて鈍化し始めたこともあり、ユーザーに惜しまれながらも〝**サ終**〟、すなわちサービス終了を迎えるケースが増えています。資金力のある海外の巨大IT企業のサービスがこれだけ日本市場に浸透した中、デジタルサービスの生き残りが困難になったことは想像に難くありません。デジタルに限らず、あらゆる形態のサービスにおいて、「顧客が去っていく」という深刻な事態に見舞われています。次々と新しいサービスが提供される中、消費者は目新しいものに心を奪われがちです。そうした中、獲得した顧客をいかに離脱させないかが、生き残りをかけた最重要課題になるのです。

一方で家計の状況としては、物価高で生活費が上がり、消費者の生活防衛意識や節約志向が高まりを見せています。消費者の企業を見る目はこれまで以上に厳しくなり、「価格」に敏感になっています。

世界は今、不確実性の高い暗澹《あんたん》たる見通しに直面しています。類を見ない不安定な経済環境により、倒産や廃業が急増する本格的な企業淘汰の波が押し寄せています。

顧客離脱に「待った」をかける

こうした時代において、「販売不振」を克服して生き残るために、企業は何をしなくてはならないのでしょうか？　真っ先にやるべきことは、**「顧客が去っていく本当の理由」**を突きとめて、それを取り除くことです。

すなわち、顧客が他社へ流出することに待ったをかける、いわば「止血」を施すことです。止血のためには、自社のビジネスを多方面から「診察」し、その原因や実態を特定する「診断」を行なう必要があります。診断結果に基づいて、止血のためのしかるべき「治療」が行なわれることになります。したがって、顧客離脱に待ったをかけるには、ここで述べた3つの工程を順に、適切に行なうことが求められます。

①顧客が去っていく状況を正確に把握【**診察**】
②顧客が去っていく要因の解明【**診断**】
③顧客離脱を阻止する対策の実施【**治療**】

当然のことながら、診察や診断が的外れであれば、適切な治療が行なえず顧客離脱の症状は改善できません。ことの真相を見極めるためには、前例や思い込みにとらわれず、顧客と自社の関係を客観的に観察することが大切です。顧客データの分析は有効ですが、それだけを追うことで「顧客はこうだ」という一面的な見方によって間違った判断をすることが往々にしてあります。データに加えて、消費の現場や顧客のリアルな姿に目を向けて**顧客の解像度を上げ、顧客が去る理由を解明していく努力**が大切です。

顧客離脱への対策が「攻めの経営」を実現する

多くの企業は、新規顧客を獲得することに意識が向きがちです。これまでのビジネス書（とくにマーケティング関連の書籍）の多くも、これに関心を払ってきました。新たな事業を軌道に乗せることに成功した企業や、デジタル技術やSNSを味方に成長を遂げた事例を見聞きし、そこで実行されてきた施策や取組みを参考にするケースも多いと思います。

もちろん、それはそれで大事な取組みです。しかし、どんなに新規顧客を獲得しても顧客離脱が続くようであれば、収益の安定は見込めません。

顧客1人ひとりとのつながりを強化し、長期的な関係を築くことが、収益の安定に寄与するのです。もしも止血（顧客離脱）への対策が不十分であったり、適切でなければ、固定客を増やすことはできず、収益は安定しません。

既存顧客を維持することの重要性をわかっているつもりでも、ともすれば流行りのマーケティング手法に飛びついたり、目先の売上や市場シェアにとらわれたりしまいがちです。しかし、どんなに新規顧客を獲得しても顧客離脱に歯止めがかからなければ元も子もありません。**どうすれば顧客離脱に待ったをかけられるか、本書ではこれに関する理論に加え、なるべく多様な事例を紹介**することに努めました。

私が「顧客離脱」を重視する理由は、それが〝**守りの経営を強化**〟する、という理由だけではありません。本書をお読みいただくとおわかりいただけますが、顧客離脱を阻止する活動こそが、生き残りをかけた重要な一手となる〝**攻めの経営を実現**〟すると確信しているからです。

顧客の離脱に待ったをかけ、衰退の歩みを逆転させることは可能です。

顧客が去っていく要因は、業界やサービスの種類によってさまざまですが、共通するパターンも散見されます。本書では、それを10パターンに分類しました。

そして、企業がおちいりがちな行動に触れながら、悪い顧客対応と良い顧客対応を丁寧に解説していきます。本書は、企業でマーケティングや顧客対応にあたる読者の方にとって、自らの顧客と向き合う姿勢を再点検していただく手引き書としてご利用いただけるように構成しています。そして、すべてのビジネスパーソンの方にマーケティングのあるべき姿や、顧客維持（リテンション）の新しいマーケティングの重要性を実感していただけると思います。

本書が皆様の明日のビジネスの一助となりましたら幸いです。

こうして顧客は去っていく　サイレントカスタマーをつなぎとめるリテンションマーケティング　目次

はじめに

第1章
これまでの成功法則は通用しない
―消費と買い物はこう変わった―

1-1 ビジネスシーンを変えていくデジタルサービス …… 16
1-2 実体験に基づいたUGCが経済を動かす …… 27
1-3 企業の下心を見抜く人たちの買い物行動 …… 35

第2章

顧客離脱の実態をつかむ

―解約・退会のリアル―

2-1 なぜ顧客を「つなぎとめること」が大切なのか？……52
2-2 顧客をつなぎとめる「リテンションマーケティング」……58
2-3 顧客が去っていく実態①
―サブスクの深刻な解約実態……69
2-4 顧客が去っていく実態②
―企業が見落とす
サイレントカスタマーの存在と影響力……74

第3章

顧客満足のメカニズム

―サービス継続のカギはＣＳにあり！―

3-1 サービス継続のカギをにぎる「顧客満足」……88
3-2 顧客満足の心理プロセス……94
3-3 顧客満足のメカニズム……99

第4章

解約率（チャーンレート）が上がる10大要因

―顧客が離脱する「決め手」とは？―

4-1 離脱要因①　価格と価値が見合っていない……108
4-2 離脱要因②　使い勝手が悪くストレス……115
4-3 離脱要因③　コスパの悪さにガッカリ……125
4-4 離脱要因④　「タイパ」の悪さにイライラ……135
4-5 離脱要因⑤　失敗するかもしれない機能的リスク……144
4-6 離脱要因⑥　心理的リスクの上昇……153
4-7 離脱要因⑦　「ありきたりの良い体験」では物足りない……161

4-8 離脱要因⑧ 企業の不正・不祥事に失望 171
4-9 離脱要因⑨ 嫌われる「マーケティング臭」 181
4-10 離脱要因⑩ 消費者を欺く「ダークパターン」 190

第5章

顧客維持戦略を強化する3大鉄則

— デジタルサービスの成否を分ける分岐点 —

5-1 顧客づくりより、ファンづくり 200
5-2 顧客と生活者の解像度を高める 221
5-3 顧客の成功を追求する 241

終　章

すぐれた顧客体験が
ビジネスを存続させる

おわりに……269

参考文献・参考資料……272

ブックデザイン　山之口正和＋齋藤友貴（ＯＫＩＫＡＴＡ）
ＤＴＰ　一企画

第1章

これまでの成功法則は通用しない

―消費と買い物はこう変わった―

1-1

ビジネスシーンを変えていくデジタルサービス

従来の売り方と成功法則が通用しない時代

「新規顧客の獲得が難しくなっている」
「どういうわけか顧客が去っていく」

あらゆる業界・企業からこうした声が漏れ聞こえてきます。それだけ社会やビジネス環境が大きく変化した証です。こうした声は、私の知る限り、かつて優良企業と称賛された企業に多く、中でも顧客志向を標榜《ひょうぼう》している企業に見られます。

それらの企業の多くが愚直《ぐちょく》なマーケティングを展開しています。しかし、かつて好ましいと考えられていた市場調査を起点とした伝統的なマーケティングの取組みが、需要創造に十分な効果を発揮しづらくなっているのです。

一体、なぜでしょうか？

マーケティングは、本来的に需要と供給の齟齬（ギャップ）を解消する機能を持ち合わせています。それがうまく機能しなくなっている理由は、人口減少・少子高齢化の急速な進展といった構造的な要因に加え、次のような質的変化が考えられます。

■ 不透明な未来への不安から生じる節約志向が蔓延しているため
■ 生活者の行動様式や思考・価値観が変化・多様化したため
■ 生活者を取り巻くメディアと流通が変わったため

とりわけ、最後に挙げた「メディアと流通」は、この20年余りで大きく様変わりしました。かつて大きな影響力を有していたマスメディアに代わり、Webメディアやソーシャルメディアの力が強まりました。生活者は情報収集からコミュニケーション、ショッピングまで新しく台頭したメディアへの依存を強めることになりました。

デジタルが変えるメディア環境

SNSの発展により、話題や流行のつくられ方も大きく変わりました。インスタグラムやX（旧・ツイッター）などのSNSで盛り上がった話題を後追いする形でマスメディアが報じる、というスタイルがいつの間にか定着したように感じます。SNSが普及する前は、限られたメディアからトップダウンで情報が流れていましたが、今ではボトムアップの流れが主流になったことで、マスメディアへの依存度が急速に低下しました。

若者を中心にテレビ離れが進む一方、新聞も2000年代前半には5000万部近くあった発行部数が、最近では3000万部を大きく割り込んでいます。SNSに囲まれて育ち、短文や動画に慣れ親しんでいる世代にとって、新聞は字ばかりで文章が長いと感じ、敬遠されてしまうのもよくわかります。

雑誌においても、発行部数が伸び悩み、次々に休刊や廃刊に追い込まれました。日本で最も古いとされる総合週刊誌『週刊朝日』は2023年5月の発売号をもって、101年の歴史に幕を閉じました。

あらゆるビジネスの主戦場がネットに移ったことで、多くの企業がプロモーションや流通（チャネル戦略）の変更を余儀なくされました。広告メディアから販売チャネル、そしてサプライチェーンや決算システムまで、デジタルシフトが加速しました。

情報環境が大きく変わるとともに、国民の暮らし向きもかつてとは様相を異にしています。これまでと同じ手法では、顧客の離脱に歯止めをかけることはできません。

変化を先取りしたニューヨーク・タイムズ

先を見据えて変化を先取りした企業と足元の業績を重視して対応が後手に回った企業との間には、競争力に大きな差が生じました。これまでの経験則と成功方式だけでは乗り切れない時代、環境変化への適応力を高めて変化をチャンスに変える姿勢が求められます。

オールドメディアがすべてダメだということではありません。老舗メディアでありながら、デジタルを味方にして契約者数を伸ばしている企業もあります。たとえば、1851年創刊のアメリカを代表する有力紙ニューヨーク・タイムズは、有料読者数が2023年9月に1000万人を超えました。同社にとって1000万の大台を超えるのは初めてで、デジタル契約がその成長を後押ししました。

有料読者の9割強がデジタル契約であり、紙媒体の契約数の落ち込みをデジタルでカバーしています。右肩上がりでデジタル会員を惹きつける秘訣は、単純に紙の新聞をデジタルに移行しただけではありません。ニュースに加え、スポーツ専用サイトやゲーム、料理レシピなどのサービスを組み合わせたパッケージ販売が奏功しています（共同通信、2023年11月9日）。

これまで既存のニュースメディアは、SNSやグーグルからのトラフィック（読者の流入）

に大きく依存してきました。しかし、アメリカでは巨大プラットフォーム企業のニュース離れが加速しており、プラットフォームからのトラフィックが急減しています。こうした事態を受け、オールドメディアにはＳＮＳやグーグルへの依存体制から脱却した独自の経営が強く求められています。

ニュースを新しい形で届けるメディアが台頭

国内でも新たなメディアのモデルが生まれています。ユーザベースが提供する「ＮｅｗｓＰｉｃｋｓ（ニューズピックス）」は、リリースから10年で国内最大規模の経済ニュースメディアに成長しました。

ＮｅｗｓＰｉｃｋｓは、「新しい視点を集めて、経済の未来をひらく」というミッションのもと、経済ニュースに特化し、国内外１００以上のメディアの経済ニュースを集約しています。有識者や各業界の著名人のコメントとともに読むことで、ニュースの理解を深めることができたり、オリジナルの記事や動画の配信など独自のコンテンツを楽しむことができます。キュレーター（情報を収集し、まとめる役回りを担う役職）が厳選したニュースで、その日に押さえておくべき重要ヘッドラインを、短時間でキャッチアップすることが可能です。

経済ニュースを新しい形で届けるソーシャル経済メディアとして人気を集め、2023年の調査において、女性が使うニュースサービスにおいて利用時間No.1を獲得するとともに、同じく「総合ニュース」「専門情報・ニュース」のサブスクリプション（サブスク）型ニュースサービスにおいて、性別を問わず全属性で利用時間No.1を獲得しています（ユーザベースHP）。

21世紀初頭の20年間を振り返れば、各分野でデジタル企業が旧来型構造の業界や企業と衝突する事態が繰り返されてきました。たとえば、YouTube対テレビ業界、ネットフリックス対エンタメ業界、アマゾン対リアル店舗を有する小売業、エアビーアンドビー対観光・ホテル業界、ウーバー対タクシー業界、アントグループ対銀行業界などがその一例です。

こうしたデジタルネイティブの新興企業が躍進した結果、私たちの生活の中にデジタルやAI（人工知能）が深く入り込み、その利便性を享受できるようになりました。

従来の社会経済システムでは、物財、すなわち、モノや資産、資本などの財力が企業の競争力を大きく左右しました。産業革命以降、資本主義経済が発展していく中で、消費財企業はモノを効率よく大量につくり、巨額の広告費をかけて成長を実現してきました。「物質的な豊かさ」を求めてきた時代には、こうした経済システムがうまく機能しました。

一方、現代の私たちは、ありとあらゆるモノを入手できる時代に生きています。かつて憧れだったモノはあまねく行きわたり、身の周りの不足や不便さは昔に比べればはるかに少なくなりました。消費の基調はモノ消費からコト消費へと軸足を移し、単にモノを購入・所有するだけではない、「精神的な豊かさ」の充足へと人々の関心は移ったのです。

良質な「顧客体験」を競う時代へ

デジタルを駆使した商品やサービスは、従来のリアル社会を前提とした経済の常識を覆しました。商品やサービスそれ自体に加え、それらの「見つけ方」、そして選択肢を絞る「選び方」、さらには実際の「買い方」といった**「買い物の仕方」**から、**「利用（消費）の仕方」**まで、あらゆる局面のあたりまえや常識がアップデートされました。

これにより、**「顧客体験**（CX：Customer Experience）**」**が今日のビジネスの重要キーワードになりました。商品やサービスの機能的な差別化が難しくなった現在、消費者は感情的・感覚的な「体験価値」で企業やサービスを選ぶ傾向が強まりました。このことは、商品、サービスを問わず、あるいはオンライン、オフラインを問いません。顧客を惹きつける企業は、商品やサービスの購入後に「良い買い物をした！」と思わせる良質な顧客体験を提供しています。

心に触れる良質な「顧客体験」をどのようにデザイン・提供するか。そこでは単に体験を利用したマーケティングではなく、**心に触れる良質な顧客体験そのものをつくり出すことがマーケティングの中心課題に台頭する時代**になりました。

急速に拡大したクラウドサービス

この10年におけるビジネス環境のいちばんの変化として、ＩＴ大手が提供するクラウドベースのサービスが急速に普及したことが挙げられます。マイクロソフトのかつての主力事業は、ソフトウェアのＣＤを出荷することでした。発売当初から不評を買った「Ｗｉｎｄｏｗｓ ８」やｉＰｏｄの牙城を崩すにはいたらなかった携帯音楽プレイヤー「Ｗｉｎｄｏｗｓ Ｚｕｎｅ」、ノキア買収によって大掛かりに取り組んだ「Ｗｉｎｄｏｗｓ Ｐｈｏｎｅ」の失敗など、かつての輝きを失っていたマイクロソフトは、２０１４年にサティア・ナデラ新ＣＥＯの指揮のもと、クラウド化とＡＩ事業へ舵を切りました。Ｍｉｃｒｏｓｏｆｔ ３６５やＭｉｃｒｏｓｏｆｔ Ｄｙｎａｍｉｃｓ ３６５（ＣＲＭ／ＥＲＰビジネスアプリケーション）などクラウド上でさまざまなアプリケーション機能を提供するサービスへ移行しました。

クラウドベースのシステム基盤上でソフトウェアやアプリケーションを利用できるサー

ビス形態を**SaaS**（Software as a Service）と呼びます。ＳａａＳの利用料金はサブスクリプション（サブスク）方式で、顧客は初期投資やサーバ費用、開発・更新費用を抑えられるとともに、常に最新の機能や修正プログラム、セキュリティ更新などが利用できます。こうした利便性からここ数年、多くの企業で、サブスクによるＳａａＳに移行する動きが加速しました。

個人消費もサブスクへ移行

「**所有しない消費**」は個人消費でも広く浸透しました。

デジタルのプラットフォーム上で個人が所有するモノや空間などの資産の貸借が容易になり、「シェアリングエコノミー」の市場規模はここ数年で急拡大しました。

モノやサービスを所有・購入するのではなく、「一定期間利用できる権利」に対して対価を支払うサブスクビジネスがあらゆる分野で開花し、これによって、顧客がサービスを利用しながら満足度や利用価値を向上させる仕組みが大切になりました。

旧来型のビジネスは、商品やサービスの単発的な取引で収益を得る「フロー型（売り切り型）ビジネス」が主流でした。そこでは、消費者が「所有」することを前提としたビジネスでしたが、デジタルのプラットフォームでは、必要なときに必要なモノやサービス、スキルなどを「利用・シェア」する消費へトレンドが移行しました。こうした変化を受け、継続的な取引で収益を得る「ストック型」ビジネスに舵を切る企業が増えました。

従量課金のサービスを提供するビジネス形態は、顧客との長期にわたる契約を締結したり、会員化を図ることで安定的な収益を得ることが期待されます。ストック型ビジネスでは、「**売った後の顧客への支援**」が利用の継続、顧客の離脱防止のカギをにぎり、これが収益を大きく左右します。

〝サブスク疲れ〟が続々と出現

もちろん、ストック型ビジネスへの移行や、新しく台頭したデジタル技術を使用しただけで、競争優位を構築できるわけではありません。実際にさまざまな商品やサービスのサブスクが次々に誕生しましたが、姿を消していくものも少なくありません。

〝サブスク疲れ〟なる言葉も聞かれるようになりました。筆者もその1人ですが、気づいたら身の周りは使い放題のサブスクに囲まれ、中には契約していたこと自体を忘れている始末。「使わなきゃ」、「元を取らなくちゃ」という義務感に駆られるものの、限られた時間の中で整理せざるを得ずに解約した経験が何度かあります。

サブスクリプションという新しい消費体験に慣れてきたユーザーは、サービス内容や値ごろ感に対してますますシビアになってきています。重要なことは、**デジタルの力を利用して顧客体験を刷新し続けること**です。

すなわち、求められるのは**「この商品・サービスを使い倒したい！」と思わせるほどの価値を創り続ける**ことです。そのためには、**顧客の忖度ないリアルな声を収集**し、顧客が満足していること、それとは逆に**不満足に感じていることを把握**することが肝要です。良いニュースよりもむしろ耳の痛い悪い声に耳をかたむけ、改善・改良に磨きをかけ続けるほかありません。

1-2 実体験に基づいたUGCが経済を動かす

「UGC」が買い物の仕方を変える

SNSの普及によって、企業やブランドに対するさまざまな消費者の評価が、日々リアルタイムで発信されています。善かれ悪しかれ、消費者が発信するリアルな声であるUGC（User Generated Content）の影響力が格段に大きくなったのが、デジタル経済の大きな特徴です。かつての消費者は、企業が発信する情報や専門家・権威者の声に耳をかたむけてきましたが、今日では友人や知人、SNSでつながっている人々の意見や助言を求める傾向を強めています。

SNSに囲まれて育った世代では、周りがどのように評価しているか、他の人の反応や視線をとくに気にする傾向があります。「いいね」がどれだけついているか、共感の強さが需要に直結するようになったのも昨今の消費行動の特徴です。周りや他人の評価や反応がすぐに得られる現代は、これまで以上に**多くの人が評価しているモノやサービスに価値を感じる心理効果**、いわゆる**「バンドワゴン効果」**が働きやすくなっています。

買い物で失敗したくない消費者の増加

UGCは、消費者が実際に商品やサービスを利用したり、店舗を訪れた「リアルな声や姿」です。企業に忖度しないユーザー目線の自然な声は、肯定的な面も否定的な面も包み隠さずに書かれていることに「共感の輪」が広がりやすいという特徴があります。

SNS以外にも、ECサイトや口コミサイト、さらには動画投稿サイトなどで発信されるUGCも無視できないほどの影響力を持っています。実店舗のように商品を手に取れないネット通販では、多くのユーザーが商品やサービスの良し悪しを判断する「何らかの手掛かり」をカスタマーレビューやレーティング（評価）に求めます。

実際に、ECでの買い物においてレビューを参考にしている消費者は、20代から40代では8割に近く、50代で7割強、60代が6割強という国内の調査結果があります（「かなり参考にする」と「まあ参考にする」の合計）。同調査では、年代が低いほど「かなり参考にする」の割合が高い傾向が見られました（情報通信総合研究所調べ）。

広告のように、「1人」（企業）の情報でなく、名も知らない「多数」の実体験に基づいたレビューが「**失敗しない買い物**」に大きく役立つと考える消費者が増えました。とくに、初めて購入する商品やサービス、あるいは検討材料が多かったり、慎重さを要する高額の買い物では助かるものです。商品レビューを表示していないネット通販の利用を控えたり、レビューに依存した買い物をしている方も多いのではないでしょうか。

「悪事千里を走る」が加速するネット社会

「1人の客に嫌われることは、あと250人の客に嫌われることだ」

これは、「世界No・1のセールスマン」としてギネス記録に認定されているアメリカのジョー・ジラードの言葉です。自動車のセールスマンとして毎日5台以上を売り、年間1400台近く販売する秘訣は「私のことを人に話してくれる人のおかげ」であり、「1人たりとも失望させてはいけない」（ジラード＋ブラウン、2018）と言います。

企業やブランドへの好意的なUGCであれば大歓迎なのですが、クレームや悪評など否定的な口コミも当然ながら多かれ少なかれ存在するものです。

UGCが経済を動かす時代において、企業にとって頭が痛いのは次の2つの事実です。

▪ 否定的な口コミの方が、好意的な口コミよりも消費者に与える影響が大きい
▪ 企業にとって招かれざる情報は、ネット社会では加速度的に広がってしまう

最初に挙げた消費者に与える影響とは、企業やブランドに対する感情や態度、さらには実際の行動としてのブランドの選好性（購買意思決定）です。

「悪事千里を走る」ということわざがあるように、昔から悪いうわさや評判は、たちまち世間に知れわたると言われてきました。理屈のうえでは、良いうわさや評判も同様と考えられますが、実際は大きく違うようです。企業にとって歓迎すべき良い情報は広まりにくいのに対して、悪い情報は千里のごとく、より遠くまで伝わってしまうという特徴があるのです。

さらに、ネット社会の今日では、従来以上に情報拡散のスピードが格段に速まりました。SNSなどでは、**刺激的な情報ほど目に留まりやすく、拡散されやすい傾向**があります。批判やクレームなど否定的な口コミや誤情報・偽情報のフェイクニュースほどすぐさま拡散してしまうのがSNSの怖いところです。米マサチューセッツ工科大学の研究者らは、ツイッター上では、虚偽のニュースは真実のニュースよりもあらゆるカテゴリーの情報において、はるかに速く、より深く、より広く拡散するという調査結果を科学誌『サイエン

ス』で発表しました（Vosoughi et al. 2018）。

高まるレピュテーションリスク

企業の知らぬ間に、自社の商品やブランドに対するネガティブな口コミがネット上で拡散している――。

ネット上でのネガティブな口コミや悪意ある投稿が、拡散に次ぐ拡散で雪だるま式に大きくなり、瞬く間に世間に拡散され、誹謗中傷や炎上に発展するケースが少なくありません。そうなれば、企業のレピュテーション（評判や信頼）は著しく低下します。長年かけて築き上げてきた企業・ブランド価値は大きく毀損し、信用の低下を招くなど経営に大きなダメージを与えかねません。このような事態によって生じる損失リスクは「**レピュテーションリスク**」と呼ばれます。

ここ数年、レピュテーションリスクが顕在化するケースが増加の一途をたどっています。具体的には、過剰で悪質なクレームやいわれのない悪評をネット上で書きこまれたり、謝罪を強要するなどの悪質な行為、あるいは飲食店の店内における利用客の迷惑行為などの拡散が後を絶ちません。これらの顧客による悪質な行為は「カスタマーハラスメント」と呼ばれます。カスタマーハラスメントにともなうレピュテーションリスクは無視することができないほど大きなものになっています。

レピュテーションリスクに該当するのは、カスタマーハラスメントだけではありません。アルバイト従業員や社員などの不適切な言動による炎上も、記憶に新しいところです。このほかにも法令違反やハラスメントなど社内不正に対する内部告発、個人情報や機密情報の漏えいなどあらゆる種類があります。顧客であれ、従業員であれ、少数の人間が起こした不祥事が瞬く間にネットで拡散され、会社の社会的な信用がガタ落ちになるリスクが生じています。過去にもこうしたトラブルは生じていたものの、ネット社会になりそれが表面化するリスクが格段に高まりました。

これ以外に、いわれもないフェイクニュースも企業ブランドにダメージを与えかねません。今やネット上に拡散された誤情報や偽情報も企業のイメージを大きく損なわせるリスクとして認識し、その発生に備える必要があります。

最近では、このレピュテーションリスクを深刻な問題ととらえ、対策を強化する企業が増加しています。レピュテーションリスク対策の第一歩は、過去に被害を受けた事例からそのパターンを知ることです。

その次には、過去のパターンをもとに、自社に起こり得るさまざまなケースを想定したうえで、実践的かつ詳細なシミュレーションとルールを定めておくことです。炎上につながりかねない情報をいち早く検知するとともに、拡散や炎上の予兆を把握し、雪だるま式に拡散する前に鎮火に向けた体制を整えることが求められます。

影響力の大きさゆえ不正レビューが横行

米アマゾンは、購買判断を手助けしてくれる「レビュー」をサービス開始の1995年から導入しており、これこそが同社の急成長を支える差別化要因となりました。一方、その影響力の大きさゆえ、不正レビューも後を絶たず、大手ECやグルメサイトなどでは不正レビュー騒動が頻繁に発生しています。こうした一部の不正がレビュー制度そのものに対する信頼性を揺るがしかねない状況になりつつあります。運営企業の管理体制が問われる事態に発展し、現在ではこれらを提供する企業は不正レビュー対策を強化しています。

実際に金銭と引き換えに高評価のレビューを提供したり、故意にネガティブな内容を書かせて競合他社の信用を傷つけるなどの不正が、国内でも多発しています。こうした事態に対し、すべてのUGCを、機械による自動審査に加えて、人間による目視でも審査を行なう取組みがいくつかのサイトで始まっています。このように、悪質な書き込みを排除できるような対策に各社が乗り出しています。

不正レビューは看過することができませんが、経済を動かす原動力は、この先もＵＧＣになると見て良いでしょう。消費者には商品やサービスに関する詳細な情報を知る権利があります。良い面だけでなく悪い面も包み隠さず書かれた利用者目線の本音こそが、生の情報に触れられる信頼できる情報として、この先も価値を持ち続けていくでしょう。

このＵＧＣの重要性は、第２章で見る「サイレントカスタマー」の存在と大きく関係しています。

1-3 企業の下心を見抜く人たちの買い物行動

売る前の「お世辞」を見抜く消費者

買い手よし、売り手よし、世間よし――「三方よし」の商訓で有名な近江商人。その心得をまとめた商売十訓の1つを紹介します。

「売る前のお世辞より売った後の奉仕、これこそ永遠の客をつくる」

読者の皆さんの中には、この言葉にハッとさせられた方もいらっしゃるのではないでしょうか。

この近江商人の教えは、購入後の対応がおろそかになりがちな商売に対する戒めとして、購入してくれた顧客にしっかりと向き合い、その声を聴き、喜びを与える仕事の重要性を教えてくれます。**初回購入者を獲得するための活動に躍起になることからは、永久の顧客はつくれない**という教訓です。

商品やサービスを購入してもらうために、誇張した広告に力を入れたり、ネット上で顧客をどこまでも追跡したり、常識を超えた割引率の初回限定キャンペーンを行なったり、ステマまがいの宣伝をしたり……。あの手この手で自社製品のアピールに手を尽くし、購入してくれたら、それがゴールと考えがちな企業は実に多いです。

現代の消費者は、企業が発するメッセージに敏感になっています。そして、正直さや信頼性を欠いた企業姿勢を見抜く目を持ち合わせています。このことを念頭に置き、**誠実なビジネスに磨きをかけることが、顧客に選ばれ続けられる必要条件**になります。

しかし、頭ではわかっていても、目先の売上やコンバージョン率（成約率）を追ってしまう企業が多いことと思います。その結果が、モラルを逸脱し、消費者を欺くような活動に走らせる原因になってしまうのです。

イマドキ消費に広告効果は限定的

美辞麗句が並べられた広告に消費者は振り向いてくれなくなりました。消費財企業で広告を担当する友人は、「広告が効かなくなった」とかれこれ10年近く嘆いています。そして、

「広告よりも使用者のレビューや評価の方が、売上に大きく寄与している」と言います。

考えてみればあたりまえのことのように思えます。売り手が商品の魅力を伝えるのは当然ですが、一般ユーザーによる商品体験のリアルな声には説得力があります。

かつては、CMを中心とするマス広告を展開することが消費を動かすカギとなっていましたが、その影響力は限定的になりました。資金力がある企業であっても、かつてのように多額の広告費を使ってマスマーケティングを展開すれば効果が見込める時代ではなくなりました。マス広告に巨額の広告費をかけずとも、Webメディアやソーシャルメディアを通して多数にリーチすることが可能になりました。


SNS全盛時代に生きる現代の消費者は、途方もなく増える情報の中から、あらゆる種類のフィルターを使って情報の真贋《しんがん》を見抜いています。

企業が制作する広告では、いくぶんの演出が含まれていることも消費者は最初からわかっています。これは今に限ったことではなくこれまでもそうでした。

しかし、ネットやSNSを中心に情報の信頼性を疑うような「**歓迎されざる**」**広告**が増えたことで、これまで以上に広告に対して懐疑的な見方をする消費者が増えているのです。

なんとも、広告メッセージが届きにくい時代になりました。

素人クオリティの広告が席巻

10代、20代の半数がテレビを見ていない——。

NHK放送文化研究所が2020年に実施した調査結果から、「テレビ離れ」の深刻な現状を目の当たりにしました。前回調査（2015年）と比較すると、5年間で10代後半、20代がともに約20ポイントの減少となっており、他の年齢層と比べて減少幅が大きくなっています。

テレビ視聴が大きく減少した背景には、やはりネットの利用拡大が筆頭に挙げられています。若年層ほどテレビ視聴時間が短く、ネットの利用時間が長いという傾向が顕著に見られます。

筆者が所属する大学の学生から話を聞くと、そもそも自宅にテレビを置いていない1人暮らしの学生は増えており、若者のテレビ離れを肌で感じています。講義中にテレビ番組やCMの話題を振っても反応は薄く、講義のネタ探しが難しくなったことを痛感しています。

今や動画はテレビだけでなく、ネットでの動画配信サービス、投稿動画サービスに加え、SNS上での動画視聴と実に多様化しました。TikTokで火が付いたショート動画は、その後インスタグラムのリール機能[1]など、主要ＳＮＳでの採用も相次ぎ、極めて短期間で着実に定着しました。

メディアの変化にともない、広告の主戦場もクリエイティブも大きく変化しました。広告の姿を大きく変えたのが、ＴｉｋＴｏｋではないでしょうか。中国のバイトダンスが運営するＴｉｋＴｏｋには、一見、素人がスマホで撮影したような広告が溢れています。従来の美しく完成度の高いテレビＣＭとは大違いです。演出や編集の力の入れようもまるで違い、ＴｉｋＴｏｋの広告には洗練さや高級感はありませんが、その「手づくり感」が広く共感を生み出しています。ＴｉｋＴｏｋ本来の投稿コンテンツの間に挟む広告（インストリーム広告）でありながら、こうした**素人クオリティゆえに利用者の顧客体験を邪魔しない**のです。

その結果、企業による押しつけ感のなさが感覚的な受け入れやすさにつながっています。この新しいメディアを活用した広告は、ブランドの認知効果が非常に高く、コンバージョン率（ＣＶＲ）の高さも他を大きく上回っています。

1　スマホ画面に合わせた、縦型のショート動画を編集、共有できる機能。

「幅広い品揃え」が価値を持たない時代

かつて、街のステータスシンボルであった百貨店。

百貨店は、小売の枠を超えて文化的事業にも積極的に取り組み、文化や流行の発信拠点でもありました。長きにわたり小売業界の王座に君臨し続けましたが、残念ながら全国各地で閉店や経営破綻が相次いでいます。

衣食住の幅広い品揃えに加え、丁寧な対面接客、そして駅前一等地の優位性を持ち合わせていながら、顧客が去っていくことをとめられなかったのはなぜでしょうか？

百貨店が持つ老舗性や伝統性があだになり、変わりゆく時代への適応という現代的感性の追求を遅らせてしまったと言えます。

また、百貨店はもともと他の小売業態と比べて、群を抜く高コスト構造です。品揃えも販売員の数も他の小売業態より桁違いに多く、一等地のゆったりした広大な売り場で立派な施設を備えていては高級路線にならざるを得ませんでした。かつて、売上の半数近くを占める主力商品であった衣料品の売上減少も顕著で、大手アパレルの撤退を余儀なくされている状態が続いています。

豊富な選択肢が購買意欲を低下させる？

私たちは、何かを選ぶときに、選択肢は少ないより多い方が良いと考えます。選択肢が増えるほどに自由度は増し、満足度も高まると思われてきました。ところが、あまりにも過剰な量の選択肢は、人々の満足度を低下させ、ときに人を不幸にすることがあるのです。これは、「**選択のパラドクス**」と呼ばれる現象です。

アメリカの心理学者、バリー・シュワルツは、著書『購買選択の心理学』の中で、「選択の蓄積こそが深刻な苦痛につながっている」と言います。現代では、あらゆるサービスや買い物に多様な選択肢が用意されているので、欲しいもの、見たいもの、利用したいものを選ぶのに時間がかかります。

買い物に費やす時間は増えているのに楽しみは減っていて、プラス要素であるはずの選択肢の増加はマイナス要素になっているという主張が「**選択のパラドクス**」です。バリー・シュワルツは、過剰な選択肢のマイナス要素を次のように指摘しています。

- ■ 選択肢と選択機会の増加は、判断に要する努力を増加させる
- ■ 選択肢と選択機会の増加により、間違いの確率が増加する

■選択肢と選択機会の増加により、間違いによる心理的影響が深刻化する

1人の生活者が情報に触れる量はかつてに比べて飛躍的に増加しました。誰もがスマホ1つで情報収集・発信ができる現在、ネットには玉石混交の情報が氾濫しています。膨大なネット情報の中から、自分にとって必要な情報を見極めるのは難しく、1つのものを選択できなくなる「**決定回避の法則**」が働いてしまいます。

たとえば、多くのショップで見られる「たくさんの種類の商品を並べましたから、自由に選んでください」という売り方は、一見すると消費者には親切で企業にとっては売上が見込めそうですが、これと反する結果を導きやすいのです。

人間の「選択」に関する有名な実験にシーナ・アイエンガー（コロンビア大学教授）による「ジャム実験」があります。アメリカのとある食品スーパーの試食コーナーで数時間ごとに試食に供するジャムの種類を〝24種類〟と〝6種類〟に変えました。顧客には好きなだけ試食をどうぞと勧めた結果、立ち寄った人数は24種類の方が上回ったものの、実際の購入率では6種類の方が大きく上回る結果となりました。24種類の試食に立ち寄った顧客のうちジャムを購入したのはわずか3％であったのに対し、6種類の場合は30％でした。豊富な品揃えに勝るものはないと信じていた流通関係者の常識を覆すのに十分な調査結果でした（アイエンガー、2010）。

多数の選択肢があるとき、消費者がどれか1つを選択する行為を避ける理由について、ニューロマーケティングの第一人者であるルイスは、著書『買いたがる脳』の中で、「脳は常にエネルギーを最大限効率的に利用しようとしており、必要な時間や労力や思考が少ない活動の方がエネルギー投入量は少なく、簡単に取り組める」という特性を指摘しています。

「選択のパラドクス」を回避した買い物
——熱狂的ファンを持つ米トレジョの魅力

このような「選択のパラドクス」を回避し、取扱品目を限定した低価格の小売業態がアメリカで支持されています。これを「**リミテッド・アソートメント・ストア**」と呼びます。その代表格が、アメリカで熱烈な支持を集める〝トレジョ〟こと、トレーダー・ジョーズです。日本には出店をしていませんが、同社の定番商品であるユニークな柄のエコバッグを見たことがある人も多いのではないでしょうか。

トレーダー・ジョーズは、オーガニックの食品やコスメなど品質にこだわったオリジナル商品（PB）を中心とした低価格のスーパーマーケットです。大きすぎない売り場でフレンドリーな接客とカラフルな内装、そして良質で低価格なPBの豊富さで競合と一線を画しています。これらに加えて特徴的なのが、アイテムを徹底して絞り込むことであり、品揃えを売りにしたウォルマートやアマゾンとの差別化に成功しています。

たとえば、ミネラルウォーターの種類はトレジョのPBが3種類（低価格、アルカリ性の中価格、ココナッツウォーターの高価格）で、エビアンやボルヴィックといったグローバルブランドは見あたりません。アイスクリームの種類は7種類ほどのフレーバー（味）で、そのすべてがカラフルなパッケージに彩られたトレジョのPBで構成され、他店では定番のベン&ジェリーズやハーゲンダッツはありません。アイスのサイズは、小サイズ（と言っても日本でいうファミリーサイズ）から日本ではお目にかかれないようなバケツなみの巨大サイズまで複数展開していますが、フレーバーの選択肢をはじめから絞ることで、**消費者の「選択の悩み」と「時間の浪費」を取りのぞいている**のです。

ちなみに、同店のすべてが品数を絞っているかというとそうではなく、アメリカの食卓に欠かせないチーズや肉（ステーキや生ハムなど）、パンやベーグル、チョコレートやナッツ、オートミールなどはナショナルブランド（NB）含め、豊富なラインナップになっており、**メリハリが効いた売り場で買い物がしやすい工夫**が施されています。

欲しいものをイチから探したくない！
――タイパ世代を納得させる買い物体験

食品や日用品、さらには公共料金まであらゆる値上げが続く中、費用対効果の高い「コスパ」型商品やサービスが消費者の心をとらえています。

さらに、お金の節約だけでなく、時間を節約することができる「タイパ（タイム・パフォーマンス）」の良い製品・サービスも根強い人気を得ています。

タイパ重視はZ世代を中心とする若者世代の特徴と言われます。たくさんのものから、自分のお気に入りをイチから探すなどという行為は現代の若者には面倒なのです。あらかじめ絞られた少数の候補から選ぶ買い物体験に、コンテンツ過多時代の若者から共感が集まるのは理にかなっています。

そこで、購入履歴や閲覧履歴をＡＩのアルゴリズムで解析し、ユーザーが選びそうな商品やコンテンツだけを表示することで、ユーザーの探索にかかわるコスト（労力）やストレスを軽減する買い物体験が支持されてきました。デジタルサービスを提供する企業各社は、このような「納得できる買い物体験」を実現するレコメンドエンジンの精度を競う争いに力を入れてきました。

ＡＩなどのテクノロジーが選んだ少数の候補から、「欲しい／欲しくない」を判断するだけの買い物体験が、**判断に要する努力を軽減させるばかりか、たとえ商品選びに失敗してもそれほど痛手ではない**、という現代の若者世代のニーズにマッチするのです。

買い物で失敗したくない！
――リスク回避世代を安心させる「誰かのお墨付き」

「コスパ」と「タイパ」に加えて、若い世代の消費傾向の特徴として挙げられるのが**「リスク回避」志向**です。商品選びに失敗したくないから、広告で企業がうたう効用や効果よりも、インスタグラムやXなどを通して、商品を実際に使用したユーザーのリアルな声や評価の収集・検索を念入りに行ないます。

他人のレビューを通した「お墨付きという安心感」がそのまま商品購入に結びついていきます。飲食店選びも旅行も同様で、**失敗することを過剰に恐れる若者を安心させるアプリやサービス**に支持が集まります。偶然通りかかった店に入ったり、ノープランの旅行で偶然の出会いやハプニングに身を任せながらひとときを楽しんだり、といった消費行動は、あまりとられなくなりました。

さらに、私たちの日常には「ランキング」が溢れています。正しく統計をとったものもあれば、中には誰かの好みで1位、2位のランクづけがされているものもあります。

物事が数字で示されると、人間はなんとなく正しく、信頼できる情報だと感じてしまいます。これは「**アンカリング効果**」と呼ばれる認知バイアスの一種です（P・エールディ、2

020）。アンカリング効果とは、人間の意思決定において、先に提示された数字や情報などに、その後の判断や意思決定が無意識のうちに影響される（引きずられてしまう）心理現象を指します。

しかし、このような情報源からだけでは物事の良し悪しを冷静に判断することは難しくなります。現代の買い物は、自分で選んでいるつもりでも、バイアスのかかった情報により「**選ばされている**」ケースが少なくないのかもしれません。

私たちの生活に浸透したSNSは、新しい商品やサービスの発見の場だけでなく、「商品購入の後押し」となる安心感や納得感を得るための情報集めのプラットフォームへと進化しているのです。

百貨店になかったのは何か？

百貨店の話に戻りましょう。その名の通り、「百貨＝総合的品揃え」を売りにしてきた百貨店ですが、「衣食住にまつわる数多《あまた》の商品が一堂に集まっている」ことは、現代のデジタルでのショッピング体験を経験した生活者にはアドバンテージにならなくなりました。わざわざ店舗に足を運ばなくても、アマゾンをはじめとするECサイトで大方のものは入手できます。しかも、極めて効率的な手法で欲しいものを選ぶことができるようになったからです。

「総合的な品揃え」自体がデメリットなのではありません。アマゾンも百貨店と同じく「総合的な品揃え」が魅力の1つです。しかし、アマゾンの驚異的な成長を支えたのは、「なんでも売っている店」だからではなく、AIを活用した「精度の高いレコメンデーション」に加え、熱心な顧客たちによる1つひとつの商品評価・レビューです。ほぼすべての商品にレビューが蓄積されていることで、幅広い品揃えの中から「**最適な商品を探す手助けになる**」のです。

かつて、アマゾンの創業者であるジェフ・ベゾスは次のように言いました。

「我々は物を売っているんじゃない。買い物についてお客様が判断するとき、その判断を助けることで儲けているんだ」

アマゾンと百貨店の大きな違いは、この点にあったということができるでしょう。

カスタマーサクセス競争の始まり

今までのマーケティングは、新規顧客の獲得に目を向け、「顧客は誰か」「どうやって売れる仕組みをつくるか」という点に関心を向けてきました。1―1で述べたように、売り切り型ビジネスが限界を迎えつつある今、目を向けるべきは「購入後に満足しているか」「この先も利用してくれるか」という従来のブラックボックス（企業が関心を寄せてこなかった局面）に光を当て、**「購入後の顧客支援」**にシフトしていく姿勢が大切になります。

そのときに参考になる概念が、**「オンボーディング」**という考え方です。オンボーディングとは、ＢｔｏＢマーケティングで磨かれてきた手法です。これは、購入（利用）したばかりの顧客がサービスの使い方や操作方法などについて理解し、習慣的に使いこなせるように企業が積極的に支援し、サービスの定着化につなげる取組みです。

これこそが、「カスタマーサクセス」の要諦です。デジタルサービスのマーケティングでは、「オンボーディング期である**初期利用期間で顧客のドロップアウト（離脱）をいかに防ぐか**」という点を中心課題に据える必要があります。

> **【従来】「購入していない消費者**をいかに自社に振り向かせて、**新規顧客を獲得**するか」
>
> ↓
>
> **【現在】「利用したばかりの顧客**をいかに支援し、**長期的に利用し続けてもらうか」**

29ページで紹介した〝世界Ｎｏ・１セールスマン〟のジョー・ジラードも「売った後が

始まりである」と言い、販売後に最初にすることは「顧客のファイルカードをつくり、その顧客や買ってくれた車に関して知っていることをすべて書き留めること」だと言います。ギネス記録に認定されるほどの伝説の営業マンは、ファイルカードの作成と同時に特製のお礼のカードを1人ひとりに送るなど販売後も連絡を絶やしません。顧客を知り尽くし、販売後もアフターサービスでつながり続けることで、次の車を検討し始める時期までわかると言います。顧客を知り尽くすということは、彼の言葉によると、「観覧車のどの辺りを今回っているかを把握し続ける」ことであり、「観覧車の席を絶え間なく埋め続ける」ことが営業の仕事なのだと言います。

デジタルサービスは、顧客が利用し始めた先が大切です。単に顧客にサービスや体験（コト）を届けるのではなく、体験の先にある「成功」を届けるのがカスタマーサクセスの役割です。**デジタルサービスの生き残りは、カスタマーサクセスをデジタルの力で実現する顧客支援力の成果に大きく影響される**でしょう。

カスタマーサクセスについては、第5章で詳しく見ていきます。

第2章

顧客離脱の実態をつかむ

―解約・退会のリアル―

2-1 なぜ顧客を「つなぎとめること」が大切なのか？

穴の開いたバケツに水はたまらない

かつて「需要」が旺盛だった時代、企業は新規顧客の獲得に力を注いできました。ある程度の顧客減や売上減は、新規顧客の獲得でカバーするのが1つのセオリーでした。そこでは「去る者追わず」ではありませんが、離脱していく顧客にはさほど関心は払われず、離脱の防止よりも新しい顧客を増やすことに重きが置かれてきました。

企業から去っていく人数を上回る人数が新たに加わる状況が常態化していれば経営上は大きな問題にはなりません。右肩上がりで経済が成長していた時代には、実際に、多くの企業が防御よりも攻めのマーケティングで成長を遂げてきました。

しかし、**今日の多くの産業は、大きな伸長が期待できない成熟期ないしは衰退期の段階**に入っています。破竹の勢いで成長したデジタルサービスと言えど、その大半は成熟期に差しかかっています。

市場の成長期と成熟期のいちばんの違いが、新規顧客獲得のハードルの高さです。事業の拡大において、新規顧客獲得の重要性は成熟期でも変わることはありませんが、成熟期ではそのハードルは一段と高くなります。

そこで、成熟期にあるビジネスでは、すでに自社と取引のある既存顧客をいかにつなぎとめるか、ということが中心課題になります。別の言い方をすれば、「**顧客の離脱をいかに最小限に食い止めるか**」という点が、マーケティングの重点課題に台頭することになります。

これを踏まえ、マーケターは次のことを常に肝に銘じておく必要があります。

「穴の開いたバケツ」に水を注ぎ続けても、水はたまらない――。

いくら勢いよく水を流しても、バケツの底や側面に穴が開いていれば、いつまで経っても水はたまりません。同じように、いくら集客に長けた企業でも顧客の離脱が多ければ業績は一向に安定しません。

バケツの穴を小さくする唯一の解決策

ビジネスの場合、穴を完全にふさぐことはできませんが、小さくしていく努力が大切です。本書の主題はまさに、この点にあります。**顧客離脱の真相、すなわち顧客が去っていく本当の理由を知ることこそが、バケツの穴を小さくする唯一の解決策**なのです。穴は顧客の何らかの不満や失望、怒りなどネガティブな感情の表れであり、最初は小さな穴でも、放っておくと手がつけられなくなります。

このことは、顧客に対してアンケートを実施し、その結果だけを見ても真実は見えてきません。実際に、顧客が、どのような理由で、どのようなときに、どのような状況で解約するのか、真の理由やその背景に迫る必要があるのです。

筆者はこれまでいくつかの消費財企業のユーザー調査に携わってきましたが、そこでわかったことがあります。

「**顧客や市場について、企業が知っていると考えていることは、正しいことよりも間違っていることの方が多い**」というドラッカーの言葉は、正しかったということです。

離脱率5％の改善で利益率は25％アップ！

マーケティングでよく知られた法則の1つに、「**1対5の法則**」があります。これは、**新規顧客を獲得するためのコストは、既存顧客を維持するコストの5倍かかる**というものです。そのため、同じ価格の商品やサービスを新規顧客へ販売するよりも、既存顧客へ販売する方が企業は多くの利益を獲得することができるのです。

新規顧客を獲得するには、まずは消費者に自社の製品やサービスの存在を「知ってもらう」必要があります。自然発生的なUGC（口コミ）がきっかけで存在を知ってもらい、大量の新規顧客を獲得できれば苦労はないのですが、実際はなかなかそうはうまくいきません。多くの場合において、SNSやWebサイト、あるいはマスメディアへの広告などに多額の予算を投じ、その存在と魅力を知ってもらう取組みが必要とされます。

消費者が商品やサービスの存在を知ってから購入にいたるプロセスはAIDMA（アイドマ）の法則として古くから知られています。この法則によると、消費者は、AIDMAのA（Attention：注意）、I（Interest：興味）、D（Desire：欲求）、M（Memory：記憶）という頭の中の4つのプロセスを経て、ようやくA（Action：行動）、すなわち購入や来店にいたります。

現在のネット社会では、ＡＩＤＭＡに代わる購買意思決定モデルが多数提示されていますが、ＡＩＤＭＡはなお新規顧客のオーソドックスな心理プロセスとしてとらえられています。

これに対して、既存顧客はこのうちＡＩＤを一度はクリアしているので、あとは忘れられずに（記憶）、再び購入（行動）してもらうための対策が必要とされます。新規顧客の獲得に比べて、広告予算をはじめとした多額のマーケティング費用が不要になります。

さらに言えば、顧客の離脱率を改善すれば、企業にもたらす利益はその5倍になるという経験則も知られています。つまり、**顧客の離脱を5％改善することができれば、企業の収益はその5倍の25％改善される**ということです。１：５の法則に対して、これを「**5：25の法則**」と呼びます。

また、「**パレートの法則**」という言葉を耳にしたことがあるのではないでしょうか。パレートの法則は、19世紀にイタリアの経済学者ヴィルフレド・パレートによって提唱されました。これは、**結果（成果）の80％は全体の20％の要素によってもたらされる**という経験則です。

ビジネスで言えば「売上の80％をもたらしているのは、販売金額の高い上位20％の顧客である」ということです。逆の見方をすれば、上位顧客をのぞいた残り80％の顧客は売上の20％しか貢献していないということになります。

こうした数値は、業界や企業規模などによって異なるところではありますが、程度の差こそあれ既存顧客を維持することの重要性がわかります。

2-2 顧客をつなぎとめる「リテンションマーケティング」

かつてのＷＯＷＯＷのリテンション率は１％
56万人加入しても５０００人しか残らない[2]――

衝撃的な数字です。これは、日本初の有料ＢＳ（放送衛星）放送局であるＷＯＷＯＷが、大規模な割引キャンペーンを実施して大量の加入者を獲得した２００６年から翌２００７年における新規顧客数と定着顧客数の実績です。

- 新規加入者数：56万件
- 解約数：55万５０００件
- 解約率：約99％

解約率99％ということは、実質的に残った顧客はわずか１％という信じがたい数字です。

新規加入者を増やしても、解約人数が増え続けるので、実質的には5000人しか会員が増えていないという厳しい状況におちいりました。

WOWOWは、1991年の開局から約10年は順調に新規加入を伸ばしてきました。しかし、2000年代に入ってから、新規加入者数が数年にわたって鈍化し（2002年～2005年度）、解約数が新規加入者数を上回った「純減」状態におちいる状態になりました。これまでうまくいっていたはずの拡大路線に黄色信号が灯ったのです。加入件数が前年を下回る年が続いたことを受け、2006年度に同社は、**新規顧客数の増加を至上命題**として、販促費を増やして無料施策や大規模な割引キャンペーンを行なうにいたりました。

その取組みが奏功し、新規顧客数を飛躍的に増加させることに成功しましたが、**特典につられて加入した会員は、約束したように特典期間が過ぎると去っていく**という厳しい現実に直面することになります。無料視聴期間の2～3ヶ月が終わると大量に解約してしまうという「大量加入、大量解約」の悪循環ができあがってしまいました。

2　本節の内容は、WOWOWで実際にリテンションマーケティングの舵を取った大坂祐希枝氏による以下の文献に依拠しています。大坂祐希枝（2018）『優良顧客を逃さない方法―利益を伸ばすリテンションマーケティング入門―』ダイヤモンド社

起死回生の秘訣は「リテンションマーケティング」にあり

WOWOWの事例は、バケツの「穴」というよりも、バケツの底が抜けてしまったような状況です。しかし、WOWOWはこうした危機的状況を見事に打開し、ある取組みを契機に、その後10余年連続加入件数純増を達成するV字回復を成し遂げました。

起死回生の一手になったのが、「**リテンションマーケティング**」です。「**リテンション**」**とは、維持や保持という意味であり、ビジネス用語では顧客の離脱を防止して維持すること**を指します。「**リテンション率**」と言えば、**ある一定期間における顧客継続率や顧客定着率**を意味します。

WOWOWは、これまでの成長戦略のあり方を否定し、「リテンション」に重きを置いた新たな戦略に舵を切りました。すなわち、次のようなマーケティングの転換です。

顧客**獲得**を目的としたマーケティング
＞
顧客**定着**を目的としたマーケティング

ＷＯＷＯＷはこれに向けて、顧客との関係を維持していくことに特化した専門部署、その名も「解約防止部」を新設しました。解約防止部の初代部長に就任した大坂祐希枝氏は、1対1の面談形式で顧客にインタビューするデプスインタビューを行ない、その結果をもとに解約時期ごとの解約者のペルソナ（架空の人物像）を作成しました。そして、ペルソナに基づいたコミュニケーションポイントを決めて解約を抑止するための施策を始めるなど、解約の実態を把握するとともにそれに応じた解約防止策を次々に展開した結果、顧客離脱の悪化に歯止めをかけることに成功しました。

カギをにぎるチャーンレート

顧客維持に主眼を置いたリテンションマーケティングにおいて、最も重視されるＫＰＩ[3]が、**チャーンレート**です。**これは、サービスの「解約率」、「顧客離脱率」を意味します。**チャーンレートは、オンラインで利用できるサブスクサービスや会員制サービスが広く普及したことで注目されました。

3　ＫＰＩ……Key Performance Indicator の略で、組織が設定した目標に対する到達度（達成度）を測るための重要な指標。評価基準が可視化されることで、目標達成に向けて進捗状況ややるべきことが明確になり、業務効率の向上などの効果が期待されます。

サブスクリプションなどのストック型ビジネスは、売り切りのフロー型ビジネスとは異なり、利用開始後にどれだけ長く継続してもらえるかが勝負です。ストック型ビジネスは、ユーザーが支払う導入時のコスト（イニシャルコスト）が低い分、気軽にサービスを利用できるメリットがあります。その分、企業はユーザーに継続的・長期的に利用してもらうことによって、顧客獲得コストや運営コストを回収していく必要があります。

コストを回収していきながら収益を上げていくには、チャーンレートを低くして、より多くのユーザーに長期的に利用してもらう以外に方法はありません。

チャーンレートを低い水準で維持できているサービスは、安定した収益を得られ続けるので、提供するサービスやコンテンツの充実・魅力化を図ることができるとともに、CRMによる既存顧客へのきめ細かな対応も可能になります。

リテンションマーケティングのカギをにぎるチャーンレートは、定期的に測定することで離脱の実態を可視化し続けることが大切です。チャーンレートの改善・悪化は、次のように、影響を及ぼしていきます。

【チャーンレートの改善・悪化の循環構造】

チャーンレートの改善
↓
コストの回収・収益の向上
↓
サービス・コンテンツの充実・魅力化
↓
既存顧客の満足度向上・新規顧客の獲得
↓
顧客の定着・顧客の増加
↺（チャーンレートの改善へ）

チャーンレートの悪化
↓
コストの悪化
↓
サービス・コンテンツの質が低下
↓
既存顧客の満足度が低下
↓
顧客の離脱・新規顧客の減少
↺（チャーンレートの悪化へ）

このように、チャーンレートの改善によって、ストック型ビジネスには好循環が生まれるのです。

ＷＯＷＯＷのリテンションマーケティングでは、このチャーンレートを大切な指標とし

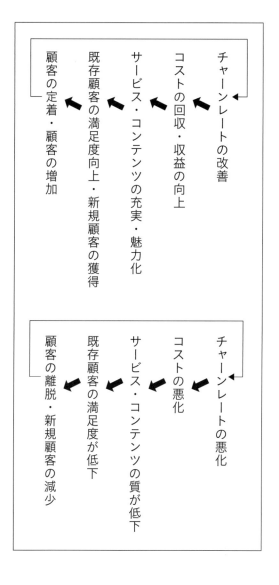

て設定し、次の3つの期間で分析してきた、と大坂氏は著書で述べています。

■加入1ヶ月目〜3ヶ月目までの解約率：「初月解約率」
■加入1ヶ月目〜11ヶ月目までの解約率：「早期解約率」
■加入12ヶ月目以降の解約率：「定常解約率」

この3つの解約率で、毎月の解約の動きをとらえ、顧客の状況を整理し、数値化するとともに、これを全社に共有したことが社内の意識改革に大きく影響を与えたと言います。この取組みによって、経営層の関心が一気に高まり、解約率と対応施策が売上や利益に与えている影響が毎月確認されるようになったと大坂氏は振り返ります。このように解約率を整理したことで、解約防止やCRM（顧客関係管理）を「全社のテーマ」として位置づけることにつながった、ということがいちばんの成果です。リテンションマーケティングを成功させる前提条件は、このWOWOWの取組みに詰まっています。

解約率という会社にとって「痛いデータ」を全社的に共有することで、新規加入に意識が傾きがちな社内の関心を既存顧客、すなわち今いる顧客の動向に向けるきっかけになったのです。

ここで紹介した顧客数ベースのチャーンレートは、「**カスタマーチャーンレート**」と呼ばれる指標です（①）。チャーンレートは、ほかにも②サービスに登録しているアカウント数ベースの「アカウントチャーンレート」、③解約やプランのダウングレードにより減少したMRR（Monthly Recurring Revenue：月間定期収益）をベースに算出する「グロスレベニューチャーンレート」、④解約・ダウンセルにより損出したMRRからアップグレードやクロスセルなどによって増額したMRRを差し引きして算出する「ネットレベニューチャーンレート」があります。

それぞれの指標は次の計算式で求めるのが一般的です。

【代表的なチャーンレートの計算式（月単位で計測の場合）】

①**カスタマーチャーンレート**：
当月に解約した人数÷前月末時点の顧客総数×100（%）

②**アカウントチャーンレート**：
当月に解約したアカウント数÷前月末のアカウント総数×100（%）

③**グロスレベニューチャーンレート**：
当月に解約やダウンセルで損出したMRR（月間定期収益）÷前月末のMRR×100（%）

④**ネットレベニューチャーンレート：**

（当月に解約やダウンセルで損出したMRR－当月にアップグレードやクロスセルで増額したMRR）÷前月末のMRR×100（％）

複数のチャーンレートを用いて注意深くモニタリングすることができれば、顧客の定着・離脱の変化が把握でき、実態に応じた対策を講じることが可能になります。

顧客維持に欠かせない指標：LTV（顧客生涯価値）

解約率を下げて、サービス利用の継続率を伸ばすことが宿命のビジネスは、チャーンレートのほかにLTV（Life Time Value：顧客生涯価値）を収益確保・安定の指標として重視します。長期間にわたりサービスを継続してくれたり、リピート購入をし続けてくれたりするLTVの高い顧客を抱えることで、サービスのさらなる充実や新規顧客獲得のための投資を行なえるという好循環が生まれることになります。LTVは業界やビジネスによって計算式が異なる場合がありますが、一般的には次のように求められます。

■ LTV（サブスクなど定額制ビジネスのケース）＝購入単価×継続期間
■ LTV（ECなどリピート購入ビジネスのケース）＝平均購入単価×購入頻度×継続期間

右記の計算式に、顧客獲得や顧客維持に必要なコストを考慮して計算するケースもあります。いずれにせよ、LTVは長期的なリピート利用を前提にしているのが特徴です。

LTVを可視化することによって、主に次のことが可能になります。

■ 収益構造の把握
■ 収益の将来予測
■ 顧客情報の一元管理
■ 顧客構造の把握
■ 離脱実態の把握
■ 顧客維持コストや顧客獲得コストの上限数値の算出
■ **収益寄与の高い優良顧客の傾向分析**

このように、LTVを可視化することで多くのメリットが享受できます。最後に挙げた

「収益寄与の高い優良顧客の傾向分析」はリピート購入商材において、**ゴールデンルート分析**としても活用されます。

ゴールデンルート分析とは、ＬＴＶの高いユーザーの購入傾向やパターン（ルート）を割り出すために行なわれる分析で、サービスの利用開始段階から追跡して複数のルートを特定します。どのようなルートをたどるとＬＴＶの高いユーザーへと成長していくのか、理想のモデルケースを用意し、他のユーザーをそのルートに乗せていくための対策などを検討することに用いられます。

顧客を理解するためには、このような顧客を知る「手段」を知ることも重要となります。

2-3

顧客が去っていく実態①
――サブスクの深刻な解約実態

サブスクをホッピングする20代

2023年4月、筆者は、デジタルサービスの解約実態をとらえることを目的として、消費者アンケート調査を実施しました。本節ならびに次章では、ここで得られた調査結果について紹介していきます。

アンケートは、デジタルサービス（サブスクサービスとECの双方）を利用した経験のある20代から50代までの日本在住の男女、合計1035人を対象に行ないました。

有料のサブスクサービスで利用したことがあるサービスは、次ページの表で示すように、高い順から動画配信（70・0％）、音楽配信（43・3％）、電子書籍（18・8％）、ゲーム（12・9％）となりました。その他、多岐にわたるサービスにおいてサブスクが利用されていることが

■Q. サブスク種類別に見る利用率と解約率

サブスク種類	利用率	解約率
動画配信	70.0	55.1
音楽配信	43.3	43.2
電子書籍	18.8	58.5
ゲーム	12.9	58.9
宅食（食事配達）	5.6	55.4
コスメ	5.1	66.7
洋服	3.9	53.8
飲食店	2.9	62.1
家電／家具	2.7	59.3
自動車	2.6	69.2
美容院	2.1	52.4
バッグ	1.7	58.8

※解約率は利用経験者の解約比率　（単位：%、n=1,035）

わかります。

年代別に見ると、ここで挙げたサービスのうち、「電子書籍」、「家電／家具」、「自動車」をのぞいたすべてにおいて、20代の利用が有意に高い傾向が見られました。ちなみに「電子書籍」は40代が他の世代に比べて高く（利用率22・2％）、20代がいちばん低い結果（同15・8％）になりました。

年代に性別を組み合わせた結果を見ると、「20代女性」の利用率が「電子書籍」と「ゲーム」をのぞいて相対的に高い傾向が見られ、サブスクのメインユーザー層であることがわかります。

一方で、解約率（チャーンレート）

について見ていきます。

解約したことのある有料のサブスク（当該サービスを利用したユーザーを対象）を見ると、いずれのサービスも5割程度の高い解約率にあります。「自動車」（69・2％）が最も高く、「音楽配信」（43・2％）が最も低い解約率となりました。

「音楽配信」をのぞいたサービスの解約率は、いずれも5割以上となり、とくに「自動車」（69・2％）、「コスメ」（66・7％）、「飲食店」（62・1％）などサブスクといえど利用料が比較的高額なサービスや、モノの利用や消費を対象としたサブスクにおいて高い傾向が見られました。

利用率が最も高かった20代が、解約率においても相対的に高い傾向が見られます。**20代の若者層はサブスクへの抵抗が低く、契約・解約を繰り返しながら日常的にさまざまなネットサービスに触れて生活している傾向**が見てとれます。

3人に1人が無料期間終了後に即時解約

サブスクを利用した経験のあるユーザーに、サービスを解約した経験についてたずねたところ、最も多い回答が「無料期間が終わると解約する」で33％となりました（選択肢のうち、最も経験数の多いもの）。

■Q. サブスクの解約について、最も経験に近いもの（経験が多いもの）を選んでください（n=1,035）

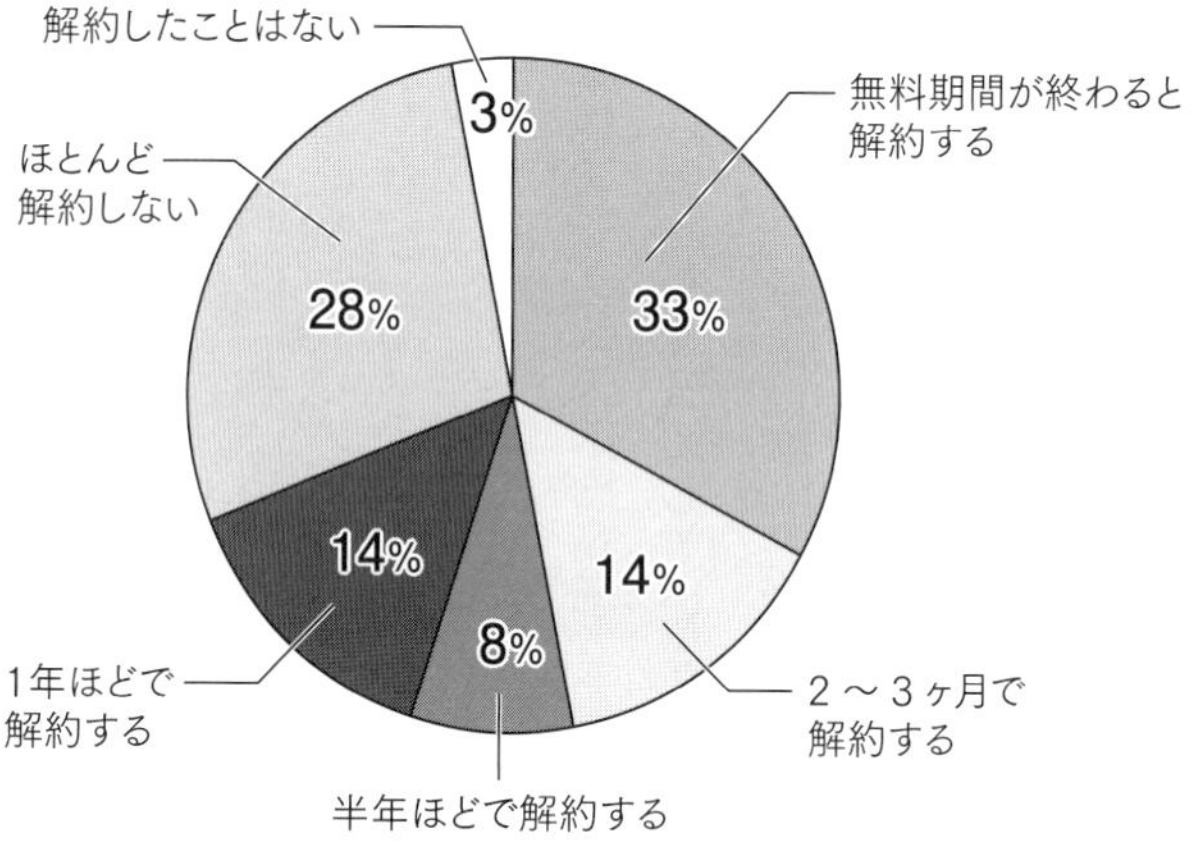

実に3人に1人がお試し期間でサービスから去っていくのが実態なのです。ネットを介して簡単に入会や契約ができるサブスクサービスは、**入会のしやすさゆえに解約のしやすさにもつながってしまう点は否めず**、その特徴が調査結果に表れています。

年代別に見るといくつか有意な差が見られました。「無料期間が終わると解約する」は30代、「2～3ヶ月で解約する」は50代、「1年ほどで解約する」は40代にそれぞれ高い傾向が見られ、40代がもっともサブスクが定着しやすい結果になりました。

男女ともに30代が「無料期間が終わると解約する」という回答の割合が相対的に高い傾向が見られました。これは、デジタルネイティブとして育ち、各種サービスへの目が肥えていることやムダを嫌う特性が要因の1つに考えられます。

また、20代から50代のすべての年代で、「無料期間が終わると解約する」と回答したのは、女性が男性を上回りました。本調査の結果からは、サブスクサービスの良し悪しについて、女性は男性以上にシビアに見極めている様子がうかがえます。

そして、この調査結果から、サービスの利用開始から半年以内で解約するユーザーは、実に半数以上（55％）にのぼるという厳しい現実がわかりました。無料のお試し期間が過ぎて有料会員に切り替わっても、半年以上継続させることの難しさを物語っています。サブスクの多くは解約や他のサービスへの乗り換えにコストがかからない気軽さも売りの1つであり、安定した収益を上げ続けるためには、いかに解約を防止するかという点が最重要課題になります。

2-4

顧客が去っていく実態②——企業が見落とすサイレントカスタマーの存在と影響力

■Q. 不満があってサブスクの利用をやめた経験の有無

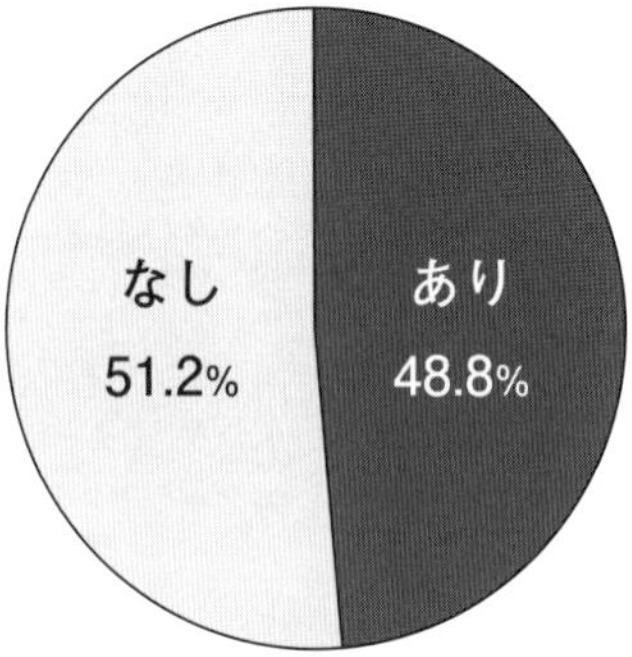

※対象はサブスクの利用をやめた経験を持つ利用者（n＝670）

「不満はとくにない」が去っていくユーザーの存在

上の図表は、先と同じ調査において、「不満があってサブスクの利用をやめた経験の有無」についてたずねた結果です。この質問は、サブスクの利用をやめた経験を持つ利用者（670人）に対して行なわれたものです。全体を見ると、うち**半数がとくに不満はないにもかかわらず、サービスから去っていく**実態がわかります。「不満はないのに去っていく」というのは実は企業はあまり想定していないケースです。

と言うのも、企業のCRM担当者やマーケターと話をしていると、離脱していく顧客は「何らかの不満を抱えている」ことを想定していることがわかります。しかし、実際には必ずしも不満を抱えて去っていくだけではないのです。「とくに不満はないが」で始まる理由は「**消極的離脱理由**」と呼び得るもので、その代表的なものは、次の5つが存在します。

【消極的離脱理由】

①とくに不満はないが、他社のサービスに魅力を感じたため
②とくに不満はないが、サービスのマンネリ化を感じたため
③とくに不満はないが、経済的事情や生活環境の変化のため
④とくに不満はないが、満足もない
⑤とくに不満はないが、なんとなく

右記に挙げた消極的離脱理由によって去る顧客の存在は、業界やビジネスによって程度の差こそあれ、一定の割合を占めているのです。

最初に挙げた①「とくに不満はないが、他社のサービスに魅力を感じたため」は、デジ

タルサービスでとくに多い理由です。無料のお試し期間などで、あらゆるサービスを体験できるデジタルサービスならではであり、他社とサービス品質が比較されやすい環境が整っています。その結果、**顧客の目が肥えて、サービス品質の優劣が見極めやすくなっているのです**。

さらに、④「とくに不満はないが、満足もない」という回答も業界やビジネスを問わず、以前から顧客が去っていく要因として挙げられています。このような回答者にさらに詳細をたずねると、そのうちの一定数からは、次の⑤「とくに不満はないが、なんとなく」という回答が返ってきます。筆者が立ち会ってきた、ある消費財メーカーのインタビュー調査では、こうした回答に頻繁に出会いました。

顧客自身もはっきりとその理由は認識していないが、「なんとなく」去ってしまうケースが少なからずあるのです。企業の担当者の中には、「なんとなく」の回答がでた時点で明確な回答が得られないということであきらめやがっかりした表情をする方がいるのですが、この**「なんとなく」に光を当てていく消費者調査が大切です。**顧客の深層心理や潜在意識に迫るデプスインタビューが真の顧客理解を可能にします。

突き詰めると、この「なんとなく」は、第3章でも紹介する「顧客満足」がゼロ状態であるということが多いのです。

■Q. 不満があってサブスクの利用をやめた経験の有無

	全体	男性 20-29歳	男性 30-39歳	男性 40-49歳	男性 50-59歳
あり	48.8	55.4	52.6	60.3	50.0
なし	51.2	44.6	47.4	39.7	50.0

	全体	女性 20-29歳	女性 30-39歳	女性 40-49歳	女性 50-59歳
あり	48.8	39.1	43.7	54.1	35.1
なし	51.2	60.9	56.3	45.9	64.9

※ ■：有意水準５％で高い、□：有意水準５％で低い　（単位：％）

サブスクを退会する理由

ここまで、顧客は、何らかの不満があって去っていくものと思われていたのが、特別不満はなく去っていくケースがあること、場合によっては満足をしていても去って行ってしまうことをお伝えしてきました。とくに試し利用のハードルが低いデジタルサービスにおいてその傾向が強いことは、顧客維持の難しさを物語っています。

上の図表は、「不満があってサブスクの利用をやめた経験の有無」について、性別と年代別の傾向を示しています。サブスクを「不満があってやめた」と答えた割合は、男性・女性ともに40代の割合が有意に高くなりました。そして、20代から50代のいずれの年代においても、男性の方が女性よりも高い傾向が見られま

■サブスクをやめた主な理由

順位	女性	男性
1位	お得感を感じなくなった	お得感を感じなくなった
2位	あまり利用していないので無駄に感じるようになった	あまり利用していないので無駄に感じるようになった
3位	**利用する時間がなくなった**	**コンテンツやサービス自体に魅力がない**
4位	**経済的な余裕がなくなった**	**コンテンツやサービスの不足**

した。その背景は男性、女性それぞれのやめる理由の上位からうかがい知ることができます。上の図表は本調査における、男女別のサブスクをやめた理由（上位4つ）です。

サブスクをやめる1位と2位の理由は男女ともに共通していましたが、3位と4位で違いが見られました。男性はコンテンツやサービス自体の良し悪しを評価するのに対し、女性は「時間的」「経済的」理由を挙げています。

総務省の「社会生活基本調査」では、男性が家事や育児などに充てる時間は過去最長（1時間54分）となったものの、女性の時間（7時間28分）と比べると、依然として大きな隔たりがあります（総務省「令和3年社会生活基本調査」）。家事・育児負担の男女格差は、1日の生活時間における3次活動（余暇活動など）に充てる物理的・精神的余裕の違いに影響を与えます。さらに、日本の男女間賃金格差がなかなか埋まらない状況からも、女性はお金の使い方に対して男性よりもシビアな見方をしている可能性が考えられます。

解約時の声を拾いやすくなった

このように、顧客が去っていくときに企業がその実態を把握するため、最初にできることは何でしょうか？　今では、デジタルサービスの多くが、解約（退会）時にその理由をたずねるアンケートを行なっています。一般的な解約アンケートは、想定される解約理由をあらかじめいくつか用意し、複数の選択肢を回答として選ぶことができる、複数選択の質問形式をとります。さらに、サービスや企業に対する意見や要望をたずねる自由回答をセットにする形式が、解約アンケートでいちばん多く利用されています。

最近多く見受けられるのが、特定の解約理由について深掘りして聞くケースです。たとえば、次のような設問です。

（例）

問1で「コンテンツに魅力がない」を選択された方に質問します。どのようなコンテンツが充実すれば継続利用を検討しますか。具体的な内容を以下からお選びください。

このような設問は自社に不足している点や問題・改善点を把握するうえで非常に有益です。解約アンケートをうまく利用することは、企業に多くの示唆をもたらします。

しかし、ときに「解約させまい」という意思が伝わってくるアンケートも見受けられます。これはかえって逆効果です。設問を多く設けたり、任意回答ではなく必須回答だったり、フリー回答を強要したり……。ユーザーは速やかに解約の手続きをしたいと考えているので、こうした企業側の姿勢はマイナスの印象を与え、不満や不信感を増長しかねません。

大切なことは、より多くの人から率直な回答を得ることです。そのために、設問は厳選し、必須入力の自由回答はできる限り少なくすることが大切です。


いずれにせよ、**デジタルサービスは、顧客の離脱する際の声が拾いやすくなったという大きなメリット**があります。実店舗のビジネスであったら、不満や苦情を言いたくても面と向かって言うのは憚《はばか》られます。あるいは、SNSや企業HPがなかった時代は、お客様相談室へ電話しても待てど暮らせどつながらず、出鼻をくじかれた経験をしたことがある方も多くいらっしゃると思います。

事前に準備した選択肢から選ばせるアンケートで、果たして解約のブラックボックスを解明できるのか、核心に迫れるのか、という疑問もあります。たしかに、一律の質問で企業が本当にすべきサービス改善につながるような知見を導けるというわけではありません。さらには、顧客が去っていくサービスや企業に対して、わざわざ時間を割いて本音を語ってくれるとも限りません。こうした点から、解約アンケートでわかることには限界があるのも事実です。

しかしながら、解約アンケートの結果をもとに全体の傾向がつかめることは間違いありません。大多数の人が感じている苦情や不満がわからなければ、顧客離脱をとめることはできません。解約にいたる理由がわからなければ、適切な対策を講じることはできないので、表面的な理由でも把握する必要があります。さらに、顧客データと組み合わせて分析することで、**解約リスクが高い顧客を定義・特定して対応策を講じることが可能**になります。

従来のような電話や対面の方式では本音を伝えづらいという人もいます。その点、オンラインでのアンケートでは率直な意見を言いやすい環境が整っています。離脱していく顧客の本音をより引き出せるような解約アンケートの工夫が求められます。

しかし、解約アンケートを実施しても、なお、大きな課題が残っています。それは、**「建前と本音」の「建前」すら伝えてくれない顧客の存在**です。

■Q. 不満があって利用をやめた際、不満や意見を誰に伝えますか。

	企業に伝える	家族や友人など周りの親しい人に伝える	SNSなどで不満を発信する	誰にも伝えない	その他
全体	24.8	35.5	11.0	44.3	0.6
20-29歳	29.9	37.9	18.4	41.4	0.0
30-39歳	21.6	38.6	10.2	44.3	0.0
40-49歳	23.7	35.5	9.7	43.0	1.1
50-59歳	23.7	27.1	3.4	50.8	1.7

※ ■：有意水準5%で高い　（単位：%）

企業が見落とす「サイレントカスタマー」に要注意――その存在は7割強

デジタルサービスで誰もがストレスなく不満や苦情をはじめとした、解約の理由を伝えることができるようになりました。実際に、どのくらいの人がそれを表明しているのか、あるいは企業以外の人に伝えているのか、という点を見てみましょう。

上の図表は、実際に不満があって有料サブスクの利用をやめた経験がある回答者を対象に、解約する（した）際に、「不満や意見」を「企業に伝えたか」「誰かに伝えたか」という質問に対する回答結果です（複数回答）。

「企業に伝える」と回答したのは全体で24・8%、約4人に1人という結果になりました。この結果から、解約アンケートを企業側が用意しているにもかかわらず、それに応じる顧客は多くないということがわかります。

つまり、不満を抱えてサービスを離脱する人のうち、**4人に3人（75・2％）が企業に不満を表明することはせず、何も言わずに黙って去っていく「サイレントカスタマー」である**と推測できます。

「サイレントカスタマー」（物言わぬ顧客）とは、商品やサービスに不満があっても、企業やブランドにそれを直接口にせずに黙って去っていく顧客を指します。

「クレーマーよりサイレントカスタマーの方がありがたい」と考える企業が多いですが、これは大きな間違いです。その理由は、何も不満を伝えずに消えてしまう平穏さよりも、**満足していない理由を知る方が重要**だからにほかありません。

顧客の不満や怒りは、リアルな声であり、自分たちが提供するサービスの欠点や短所を教えてくれます。したがって、正当なクレームというのはありがたいことと受けとめるだけの度量が企業には求められます。

こうした革新の種である不満や要望を抱えながらも何も言わずに去っていくサイレントカスタマーは、企業にとって貴重な情報を隠して去っていくため、大きな機会損出になります。

身近な人やＳＮＳへ悪口を言うサイレントカスタマーは４割

サイレントカスタマーは企業が知らないうちに、「他の誰か」に企業やブランドの悪口（ネガティブ情報）を言うことがあります。本調査では、サイレントカスタマーのうち４割は、企業には伝えなかったネガティブ情報を、何らかの方法で「他の誰か」には伝えた経験があるという結果になりました。

「（企業には直接言わないが）他の誰かに不満を言う」離脱顧客のうち、最も多いのが「家族や友人など周りの親しい人に伝える」（35・5％）です。企業には言わないが、身近な存在の人に伝えるというケースが多いことは容易に想像できます。過去の調査では、身近な人や知人からの口コミは、広告や有名人、インフルエンサーよりも信頼度が高くなるという傾向が示されてきました。

さらに、「ＳＮＳなどで不満を発信する」（11・０％）の存在も企業やブランドにとって大いに脅威です。ＳＮＳや口コミサイトなどでネガティブなコメントを残したり、低い評価を下したりすることによって、ブランドや企業の信頼や評判、イメージの低下を招くリスクが生じます。全体の11・０％に対して、20代では18・４％と、有意に高い傾向が見られました。

知人への口コミにしろ、SNSでの発信にしろ、第1章で述べたように、悪いうわさや評判は、たちまち世間に知れわたります。企業が知らないうちに顧客が離れてしまうばかりか、ネットを通じて悪事千里を走る、となる可能性があるのです。

日本は海外に比べてサイレントカスタマーがとくに多いことは、これまでにも指摘されてきました。前述のアンケート調査では、不満がなくても去っていくユーザーが半数存在することを確認したので、このことを鑑みると、実際のサイレントカスタマーは相当数を占めているものと考えられます。したがって、1人の物言う顧客の背後には、同じ不満や意見を持つ多くの顧客がいることを念頭に置き、1つひとつのクレームや意見に企業は真摯に向き合うことが大切です。

自社にとって悪いニュースを見聞きするのが好きな従業員はいないでしょう。さらに、それを上司に報告しなければならないとなればなおさらです。むしろ悪いニュースが上司の耳に入らないよう仕向けるきらいさえあります。このように考える企業が多いためか、先ほどのようにサイレントカスタマーを、むしろ歓迎してしまう傾向が見受けられます。

ここで見たように、サイレントカスタマーが及ぼす影響は無視できません。既存顧客を失うばかりか、潜在顧客や見込み客を失う可能性も生じます。サイレントカスタマーが抱えている不満やクレームをどのように顕在化していくかは、極めて重要な課題です。

「声なき声」を拾うには、ＳＮＳや口コミサイトのＵＧＣを、能動的に収集・分析する「**ソーシャルリスニング**」を活用するとともに、企業側からサービスに不安や不満を抱えている顧客を探し出して直接返答・対応する「**アクティブサポート**」を積極的に行なうことが有効です。

さらに、自社でオウンドメディアを運営し、訪れたユーザーの行動履歴を把握して、離脱パターンを把握するとともに、そこから顧客の「迷い」や「不満」を推測することも有効です。

第3章

顧客満足のメカニズム

―サービス継続のカギはCSにあり！―

3-1 サービス継続のカギをにぎる「顧客満足」

これまで何度か顧客の「満足」というキーワードが出てきましたが、そもそも顧客満足とは一体何なのでしょうか？

顧客満足のとらえ方は、業種やビジネスの種類や形態によって異なりますが、概して顧客が購入（契約）前に抱いた期待に対して、実際の使用体験を経て感じる総合的な評価によって決まると考えられています。

ここでは、嶋口充輝氏（慶応義塾大学名誉教授）の著書『顧客満足型マーケティングの構図』（1994）と小野譲司氏（青山学院大学教授）の著書『顧客満足［CS］の知識』（2010）を参照して、顧客満足をもう少し深く掘り下げていきます。

顧客満足の3つのタイプ

サービスの継続ないしは離脱の要因や戦略上の示唆を導くためには、顧客満足がどのような構造やメカニズムで成り立っているのかをあきらかにする必要があります。本章では、主要な顧客満足のモデルについて説明し、どのようなメカニズムで顧客満足は形成され、私たちはサービスや商品の満足・不満足を判断しているのかという点について説明していきます。

「事業の目的として有効な定義はただひとつである。それは、顧客を創造することである」と指摘したのは、ピーター・ドラッカーです。ドラッカーは『現代の経営』の中で、顧客創造という事業目的に対し、「顧客満足（CS）」を中心としたマーケティングとイノベーションの2つを最も重要なビジネス機能とみなしました。

いかなる事業であっても成長する事業は、顧客満足に支えられた事業運営を行なっています。顧客に支持されることなく、事業や組織の存続・成長はなしえません。顧客の満足の創造こそが企業の安定的な存続や成長の源泉となり、これがマーケティングの本質的役割ととらえられます。

「顧客満足」はサービスや商品を購買（契約）した顧客が実際の使用経験を経て感じる主観的な評価として考えられています。その主観的な評価は、企業が提供するマーケティング・オファー[4]に対し「満足している」と「満足していない」に大別できますが、さらに後者の「満足していない」すなわち「不満」には、異なる特徴を持つ2つのタイプが存在しています。嶋口充輝氏は、それを次のように説明しています。

1つ目の不満は、顧客が迷惑を受けて**満足がマイナス状態**になった場合。この種の不満は、多くの場合において当該サービスから顧客は離れ、他の企業が提供するサービスへ乗り換えることになります。

2つ目の不満は、**満足がゼロ状態**にある場合。たとえば、ある動画視聴サービスに満足か不満かとたずねられたときに、別に不満ではないが、かと言って満足というわけでもないという状態です。満足と不満足のいずれの感情も持ち合わせないが、サービスや商品を利用し続けているということはあり得ます。こうした状態がアンサティスファクション（非満足）と呼び得る状態です。

前章で紹介した**「とくに不満はないが…」で始まる消極的理由は、多くの場合においてこのゼロ状態にある**と考えられます。別に強い不満を持っていたり、怒っているわけではありませんが、かと言って「満足していない」ので積極的に利用しないか、あるいは仕方なく利用している状態にあります。

このように不満の2種類には明確な差異があります。この2つを識別することによって、顧客満足の種類は、大きく次の3つに分類することができます。

■ サティスファクション（**プラス**の満足状態）
■ **ディス**サティスファクション（**マイナス**の満足状態）
■ **アン**サティスファクション（プラスでもマイナスでもない**ゼロ**の満足状態）

2種類の「不満」への対処がリテンションマーケティングの重要課題

ここで示した2つのタイプの不満のうち、**ディス**サティスファクションはサービス品質をはじめ何らかの提供要素に対してときに怒りをともなう強い不満を抱いているケースが該当しますので、まずはその要素をすべて特定していき、それぞれの改善策を講じることが企業に求められます。

これこそが、リテンションマーケティングに課せられた大きな役割です。**ディスサティスファクションを引き起こしている具体的要素の特定・改善によって、顧客満足の状態をマイナス（ディスサティスファクション）からゼロ状態（アンサティスファクション）に引き上げる**

4　マーケティング・オファー……企業が提供する、品質・性能・アフターサービス・保証・商品説明など顧客に提供されるあらゆるサービスや機能。

対応です。「怒りを鎮める対応」こそが、リテンションマーケティングの中心課題の1つであり、この対応力の程度が企業の「顧客維持力」に差をつけます。

一方の**アン**サティスファクションの状態にある顧客については、このままの状況で放置しておいても特段、怒りを買うわけではありません。とはいえ、このままサービスを継続し続けてくれる保証もなく、むしろいつ去ってもおかしくない状況にあります。この水準にある顧客に対しては、**怒りの鎮火という修繕の対応というよりもゼロからプラスへと満足度を押し上げるべく、顧客に喜んでもらえる提案を企業側から積極的に働きかける対策を講じる必要があります。**これも、リテンションマーケティングが担う役割の1つです。

「満足（サティスファクション）」の状態でも去っていく

顧客がサービスから離脱・退会していくケースは、その多くがマイナスの満足状態である「ディスサティスファクション」か、ゼロ状態の「アンサティスファクション」にあります。

この2種類（マイナス・ゼロ）の満足水準で顧客が去っていくこと自体には企業側としても納得がいきます。自分たちが提供する価値の何らかの側面が、顧客の欲求水準を満たしていなかったり、競合他社と比べて魅力が劣っていると顧客に判断されたケースですので、自分たち側に課題があることは明確です。

しかし、そうではなく、サービス品質や企業が提供する各種のマーケティング・オファーに**「満足」していても離脱・退会するユーザー**も少なからずいます。つまり、プラスの満足状態（サティスファクション）にありながら継続的な利用を断念するものです。

声をあげずに黙って去っていく「サイレントカスタマー」の一定数を占めるのが、この「満足しつつも去ってしまう」ユーザーです。企業としてはこうした状態で去っていくユーザーの対策を講じるのは最も難しい課題です。

1つの対策方法としては、こうした企業やブランドへ不満のない顧客との接点を増やし、顧客に積極的なかかわりを促し「ファン」になってもらうことが挙げられます。詳しくは第5章で紹介していきます。

3-2

顧客満足の心理プロセス

期待水準と知覚水準の一致・不一致の大きさが満足度を決める

事前に期待した水準を「**期待水準**」と呼び、実際に体験して感じた水準を「**知覚水準**」と呼びます。この**期待水準と知覚水準との比較を通じて「顧客満足」は形成される**ことになります。

〝知覚〟とは、私たち人間が視覚、聴覚、嗅覚、味覚、触覚などの感覚を介して認識（意味づけ）することを指します。あくまで、顧客1人ひとりが〝実際にどのように感じたか〟の主観的評価であり、同じ体験（刺激）でも人によって感じ方が異なります。

この期待水準と知覚水準がどれくらい一致しているか、反対にどれくらい一致していないか、その大きさによって顧客満足は求められます。

一般的には、購入したサービスや商品の知覚水準が事前の期待水準を上回れば（下回らなければ）満足し、そうでなければ不満を抱きやすくなります。そして、顧客満足がプラスの状態であればサービスの継続利用につながり、これとは逆に満足にいたらない「不満」を感じると、現在利用中のサービスをやめて他社が提供するサービスに乗り換える確率が高まります。

たとえば、ある家族がトリップアドバイザーを利用して、コロナ禍で制限されていた海外旅行に数年ぶりに行ったとしましょう。昨今の世界的な物価高騰を受け、少しでも宿泊代金を抑えたいと思い、ホテルではなくゲストハウスでの宿泊を検討したとします。値段が手ごろで、実際に利用したユーザーからの口コミ数が多くて評価が高いゲストハウスを選んだとします。「ホテルほどの快適性は得られないかもしれないが、ここなら数日間の滞在では十分であろう」という期待を抱いて、そのゲストハウスを予約するにいたりました。そこに滞在した結果、この家族が抱く顧客満足として考えられるのは次の4つのパターンです。

①期待を上回る快適な宿泊環境だった
②ほぼ期待通りの宿泊環境だった
③やや期待を下回るが、納得のいくレベルの宿泊環境だった
④期待を下回るレベルの宿泊環境だった

この場合、①と②は期待水準を満たしています。とくに、①は予想した水準を確実に上回っているので高い水準の満足状態にあります。②については「期待通り」として可でも不可でもない状況です。①ほどの満足を得られることはありませんが、ほどほどの期待水準でほどほどの成果であれば一定の満足を得られると考えられます。

一方で、③と④は期待水準を満たすことができなかった宿泊体験となります。とくに、④は期待水準と知覚水準の差が大きいことから、「期待はずれ」として不満の状態にあります。

人間は自分の満足評価をねじ曲げる

ここで興味深いのは、③の状態、すなわち実際に経験した知覚水準が予想していた水準ほどでなかった場合でも、人間は自分の購買行動や選択が「間違っていた」とは認めたくなく、むしろ正しい選択だったのだと正当化させようとする意識が働く傾向があるという点です。このように事前の期待値を少し下回る「多少は不満」な場合において、人間は自分の主観的評価を上方に矯正し、自らの中で納得しようとします。これは、人間が持ち合わせる「**同化作用**」と呼ばれる心理効果です。この場合の顧客満足は、主観的な満足評価が上方に矯正されることで、マイナスのディスサティスファクションを回避しやすくなります。

多少のマイナス要素や都合の悪い情報には目をつぶって、自分の判断を正当化して安心感を得ようとする心理は、**認知的不協和を解消**する行動としても説明されます。このような行動は日常のあらゆる場面で生じていると考えられています。

一方、プラスやマイナスの要素をはっきりと知覚している、①と④においては、期待水準と知覚水準が著しくかけ離れた状態になると、実際以上に高い（①のケース）、もしくは低い（④のケース）評価になる「**対比作用**」という心理効果が働くことになります。たとえば、驚きをともなうほどの喜びや楽しさなどによって、期待をはるかに上回る知覚水準に達した際には、「**顧客歓喜（カスタマーディライト）**」**と呼び得る満足水準として実際以上に高い主観評価と満足が発生する**ことになります。

これとは反対に、事前の期待水準をはるかに下回る知覚水準だった際には、強い不満や怒りとして**実際以上に低い主観評価と不満足が発生する**ことになります。「顧客歓喜」に対して、「**顧客失望**」と呼び得る状況です。

つまり、「期待」に対してプラス・マイナスの知覚があること、その期待との知覚差によって、主観的評価に以下のようなズレが生じることになります。

■ **同化作用**：知覚された水準が期待値を多少下回った際、自らの意思決定を事前の期待値に矯正する（寄せていく）作用

■ **対比作用**：知覚された水準が期待値と大きな乖離があった際、実際以上に高い／低い主観評価をもたらす作用

3-3

顧客満足のメカニズム

期待不一致モデルによる顧客満足の測定

これまで説明してきたように、**顧客の満足は事前の期待水準と実際の経験を通した主観的な評価に基づいて決まる**と考えられています。マーケティングの消費者行動研究では、こうした顧客の心理プロセスは「**期待不一致モデル**」と呼ばれ、満足度を規定する要因を描写する最も有力なモデルとされてきました。

下の図表は、これまで説明してきた期待不一致モデルの心理プロセスについて示したものです。右端

■顧客満足の心理プロセス

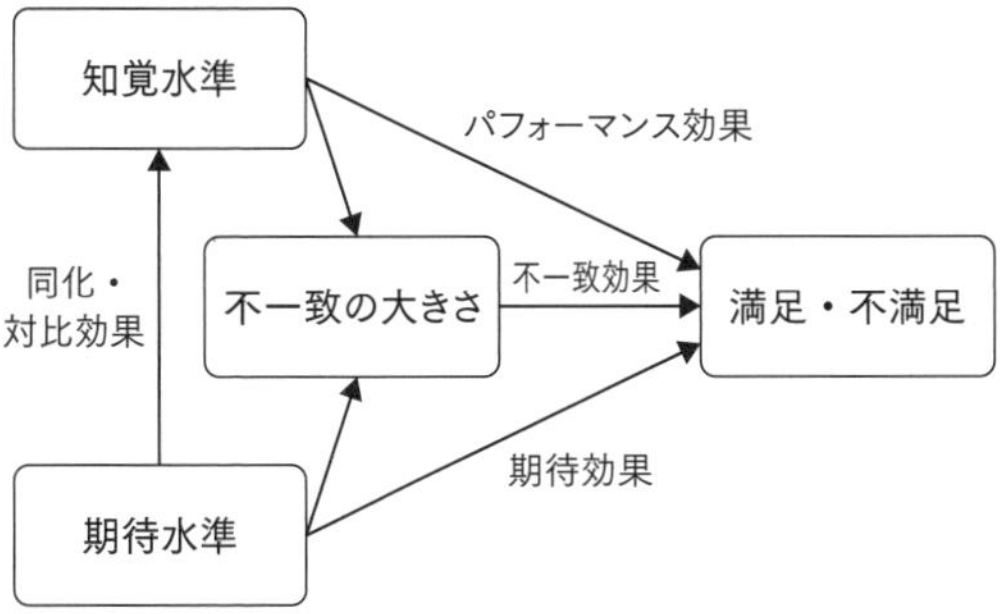

出典：小野（2010）

の顧客満足に影響を与えるものは、期待水準、知覚水準、不一致の大きさの3つの要素で構成されています。事前の期待水準が知覚水準に影響を与えています。期待水準と知覚水準とが一致していた場合、あるいは期待を上回るプラスの不一致である場合には、顧客は「満足」することになります。これとは反対に、期待を下回るマイナスの不一致であれば「不満足」を感じることになります。

顧客満足のカギをにぎる「期待水準」

友人との話の中で「あの映画すごく面白かったから見てごらん」と勧められて実際に見たところ、「思いのほか普通だった」という経験をしたことがある方も、いるのではないでしょうか。これは、事前に形成された高い水準の期待が基準値となることによって、それを大きく上回る主観的評価が得られにくくなってしまうために、さほどの満足度を得ることができなかったことによるものです。そして、期待値とのギャップが一定以上大きい場合は、反発が大きくなり、「全然たいしたことなかった」といった実際以上の低い評価になってしまうのです。

このように、**事前に期待水準を高めすぎてしまうと、その先入観から消費（利用）後の評価や満足度が低くなってしまう**という側面があります。

そこで、先入観を持たせないために、購買前の期待値を低くすることで実際の消費後の満足度を高めるというやり方も考えられますが、これはビジネスにおいては非現実的な考え方です。なぜなら、**「期待」は消費の原動力となり得る不可欠な要素**だからです。

私たちは〝自分にとって価値がある〟と期待する商品やサービスを選び、そして購入します。もしも期待水準が低ければ、そもそも手に取ることはないでしょう。まして、お金を出してまで期待の低い商品やサービスを選ぶことも、時間を使って期待の低い店に訪れることもしません。

それでは、企業はどうやって期待をつくるのでしょうか。その重要な役割を担ってきたのが広告をはじめとするプロモーションです。プロモーションの役割は、存在を知らせるとともに「期待をつくり出す、期待水準を高める」ことにあります。自社が提供する商品やサービスを欲望の対象として認識させることができなければ、消費者にとってそれは「不要財」にすぎません。それを得たいという欲望をかき立てる情報を提示する機能がプロモーションに課せられた役割です。

製品やサービスの期待を高めることがプロモーションの役割であるとしても、実際のパフォーマンスと乖離した過度な期待を持たせることも、逆に控えめすぎるのも得策ではありません。良いプロモーションは、実際のパフォーマンスの価値と乖離が大きくなく、同水準の期待値をつくることができるものです。

もうひとつの評価軸「知覚価値」

商品やサービスの利用客は、事前に抱いた「期待水準」と、実際に体験を通して感じた「知覚水準」に加え、実際にはもう1つの評価軸で総合的な満足度を決定しています。

それは、「**実際に支払った金額に対する納得感**」です。これを「**知覚価値**」と呼びます。

たとえば、1泊5000円のリーズナブルな宿泊施設（Aホテルとします）と1泊5万円の宿泊施設（Bホテルとします）では、そこで体験するサービス品質は大きく異なるでしょう。利用客が実際に感じるサービス品質を「**知覚品質**」と言います。客室の広さや設備の豪華さ、そしてアメニティの充実度や食事体験などにおいて、10倍の価格差による知覚品質の差は歴然でしょう。

しかし、AホテルよりBホテルを利用した顧客の満足度の方が高くなるかと言うと、必ずしもそういうことにはならないのが興味深い点です。金額が10分の1のAホテル利用客の満足度の方が高くなるということが起こり得るのです。なぜならBホテルを利用した顧客の中には「5万円の対価として、これくらいの品質やサービスはあたりまえだろう」という感想や「期待していたほどのベネフィット（価値）は受けられなかった」という感想を抱くケースがあり得ます。この場合の満足度は決して高いものとは言えません。

これとは反対に、Aホテルの利用客で「5000円でさほど期待していなかったけれど、何ら困ることなく十分だった」というケースの顧客の満足度は高くなります。つまり、単に知覚品質を高めることが必ずしも顧客満足を高める、ということにはならないのです。

これが「知覚価値」と呼ばれるもので、顧客は支払った金額や手間（コスト）に対する品質や成果（パフォーマンス）を相対比としてとらえます。いわゆる「コストパフォーマンス（コスパ）」指標です。知覚品質がいかに高くても料金に見合っていなければ、コスパが低くなり、満足度や納得感は低くなります。逆に知覚品質はそこそこでもコストに見合っていればコスパは高く感じ、満足度や納得感は高まります。

顧客満足度を測定する指標

日本生産性本部では、毎年、サービス産業の約30業種、約400の企業・ブランドを対象に、顧客満足度の調査を行なっています。

105ページの図表の通り、この調査で使用されるモデルでは、中心に置かれた「顧客満足」に対する影響要因である顧客期待（顧客の持つ「期待水準」）、知覚品質、知覚価値の3つが左側に置かれています。この3つの要因それぞれがどれくらいの強さで顧客満足に影響を与えているか、矢印で表されます。一方、右側には、顧客満足が与える結果要素として、推奨意向（口コミ）とロイヤルティの2つが置かれています。こうして、顧客満足をめぐる一連の因果関係を表した連鎖モデルです。これらの6つの指標で指数化し、満足・不満足の理由やその後の行動についてまで多面的な分析・比較が行なわれています。ここで用いられている6つの指標について、日本生産性本部では次のように定義しています。

【顧客満足度を測定する6つの指標（日本生産性本部・JCSI因果モデル）**】**

- **顧客期待**（期待水準）：サービスを利用する際に、利用者が事前に持っている企業・ブランドの印象や期待・予想
- **知覚品質**：実際にサービスを利用した際に感じる、品質への評価
- **知覚価値**：受けたサービスの品質と価格とを対比して、利用者が感じる納得感、コストパフォーマンス
- **顧客満足**：利用して感じた満足の度合い
- **推奨意向**：利用したサービスの内容について、肯定的に人に伝えるかどうか
- **ロイヤルティ**：今後もそのサービスを使い続けたいか、もっと頻繁に使いたいかなどの再利用意向

顧客満足は本来、目に見える形で客観的に数値化することは困難です。こうした定量的な調査では、利用客側（顧客）の主観的な評価に頼らざるを得ない現状があります。

人間の心理状態を説明した顧客満足は感情をともなった心理状態であり、そこでは企業が提供する実に多様な要素や価値を相対的に評価することになります。

以降では、本章で扱ったフレームをもとに、顧客の離脱に影響を与える具体的要因について説明していきます。

■顧客満足の構成（因果モデル）

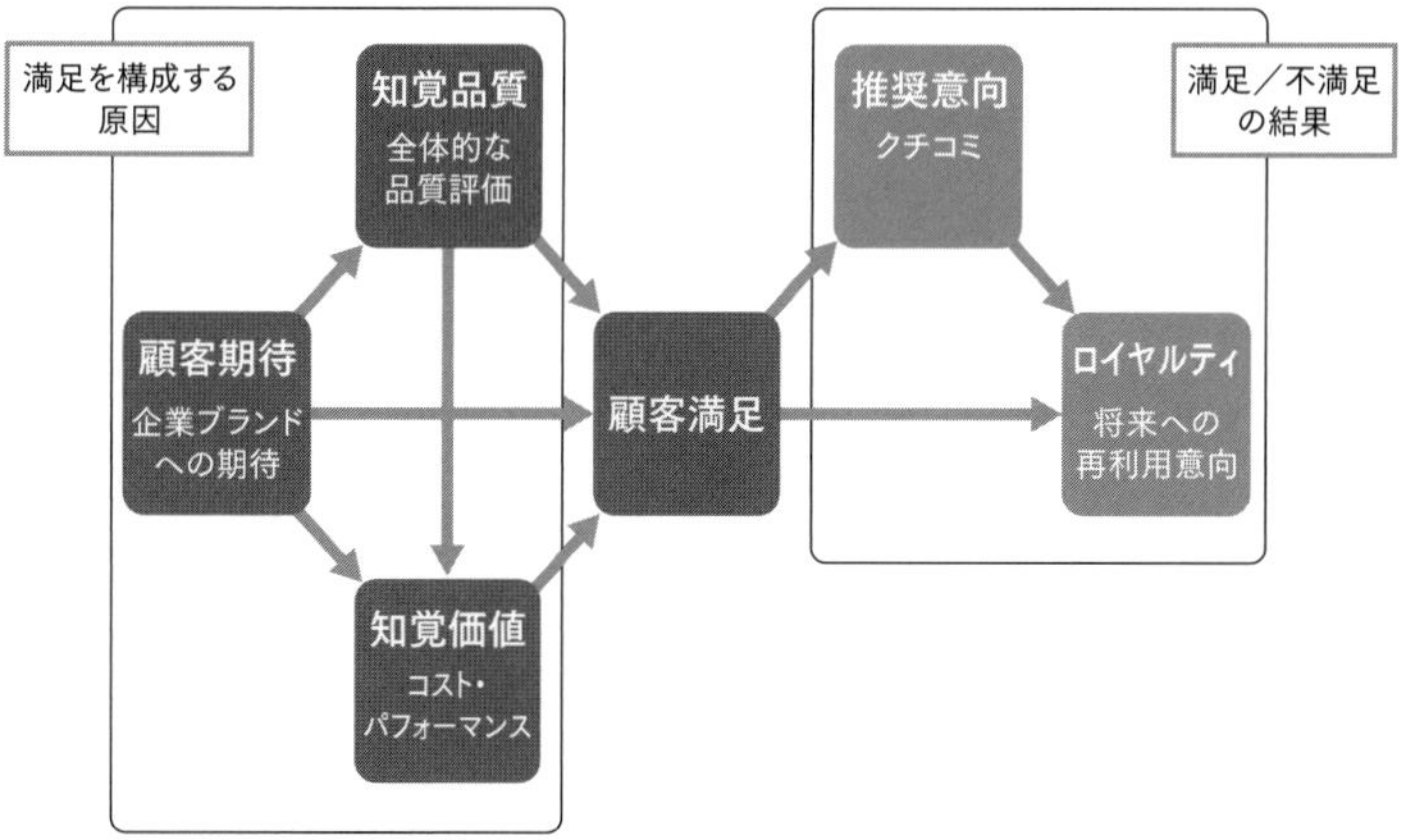

出典：公益財団法人 日本生産性本部HP
「JCSI 日本版顧客満足度指数2022年度年間調査結果」より抜粋

第4章

解約率（チャーンレート）が上がる10大要因

─顧客が離脱する「決め手」とは？─

4-1

離脱要因①
価格と価値が見合っていない

ここまで、顧客にとってどんな状態が「満足」になるのかを説明してきました。

一方で、顧客がサービスからの「離脱」という選択肢をとるのは、大きく10の原因に分類することができます。一見するところ一般的な内容でありながら、このパターンのいずれか、または複数のパターンに該当し、顧客を離脱させてしまう企業は多いのです。

顧客がサービスの利用をやめる際に、何が意識的・無意識的に「決め手」になっているのかを考えるのが、リテンションマーケティングの出発点です。

サービスそれ自体の効用・価値と「期待」の関係

顧客がサービスを離脱する、最もよくあるケースは、「**結果品質**」と呼ばれる知覚品質を構成する一要因が、事前に期待（予測）した水準や支払ったコストに対して得られる便益や価値に見合わなかった場合です。**結果品質とは、企業が提供しているさまざまなサー**

ビスの中で、顧客が「支払う対価として最も期待している効用や価値の品質」を指します。たとえば、飲食店であれば食事のおいしさ、学校や学習塾であれば教育力、マッサージであれば治療や癒し効果、映画やスポーツ鑑賞であれば楽しさなど内容の充実度がこれに該当します。

商品であれ、サービスであれ、市場で取引される財は、買い手である顧客に何らかの価値（結果品質）を提供することで便益をもたらします。顧客はその便益や価値を期待して、数ある中から自分が満足できそうなサービスを探し、購買意思決定を行ないます。そして実際にサービスを消費したのちに、顧客は「購買後評価」として、自分が期待した望ましい便益や価値を得られたかどうか、「目標達成度」を測ることになります。

顧客が知覚する結果品質は、次の3通りに大別することができます。

①驚きや喜びをともなう結果品質（プラス）
②事前の期待通りの結果品質（プラス）
③失望や怒りをともなう結果品質（マイナス）

この場合、①と②はプラス満足の状態であり、とくに①は対比作用が発生した顧客歓喜をともなう高い水準の顧客満足です。②は期待通りの結果品質ということで、多少期待水準より下回った場合でも同化作用でマイナスにはならず、プラス満足になりやすいです。
③の状況におちいってしまうケースは、事前に期待していた品質を大きく下回る状況です。
顧客が離脱する最大の原因は、この③の「期待はずれ」の感情にあります。これについて、顧客の心理状態から解説します。

あるレベルの「期待」を下回るときに顧客は離脱する

これまで述べてきた通り、事前につくられる**期待**は、製品やサービス、店舗の具体的な成果（パフォーマンス）を予測するものでもあり、最終的な満足度に大きな影響を与えることになる、極めて重要な変数となります。この〝期待〟という言葉に含まれる意味は1つではなく、代表的には次の4つが挙げられます（小野、2010）。

①「理想」……こうあってもらいたい
②「規範」……こうあるべきだろう
③「**予測**」……このくらいであろう
④「許容」……少なくともこれくらいは

これらの期待の範囲は部分的に重複する場合もありますが、代表的な期待は③の「**予測**」です。予測は、この商品やサービスのパフォーマンスはこれくらいであろうと、その性能や品質、価値などの推測を意味します。

たとえば、本書を例に挙げて説明します。「顧客の離脱防止」に関心のある読者の方にとって、本書が提供し得る知見や示唆に対する事前の期待水準はまちまちのはずです。本書を読むことで、「知らなかった知識や実際のビジネスに役立つ知識をある程度知ることができるだろう」といったように、「このくらいであろう」と前もって推測するのが「予測」です。これを基準に、もっと多くの、あるいは高次の内容を期待するのが「理想」です。たとえば自社のビジネスにおいて明日から直接的に役立つ知識をたくさん得られる内容であって欲しい、というのが「理想」です。

「理想（こうあってもらいたい）」や「予測（このくらいであろう）」という期待に対して、実際の結果品質が同水準もしくは上回る水準であればプラス満足になります。理想と予測の水準を下回る結果品質であっても、怒りの不満にまでには発展しないのが一般的です。怒りの不満に発展してしまうのが、これ以外の2つの期待水準を下回る場合です。

予測とともに一般的に用いられることの多い期待が、「規範（こうあるべきだろう）」です。本書はこういう内容について言及してあるべきだろう、このような内容には触れているべきだろう、という意味での期待です。

もう1つが「許容（少なくともこれくらいは）」の期待であり、本書の例では少なくともこれについては言及していないるだろう、という期待であり、顧客が実際に知覚する結果品質のうち1つでも「規範」や「許容」を下回ったり欠如していた際は、失望感を味わい、怒りや不満をともなうマイナス満足の状況になります。とくに「許容」において、**最低許容水準を少しでも下回れば失望感や怒りの感情が発生**しやすくなります。

失望感や怒りの感情は、当然、顧客の離脱に直結しますし、もっと言えばレピュテーションリスクや、「身近な人には伝える」サイレントカスタマーとなる可能性もあります。

ケース
SHEIN（シーイン）――「そこまでしてくれるの？」で怒りを鎮火してファンに変える返品対応

筆者は中国企業のECをよく利用してきましたが、最近ではサイズ違いや不良品などで返品を要求すると、ほとんどの場合でスムーズに対応してくれます。かつてよく遭遇した泣き寝入りの経験は、ここ数年ではほぼゼロです。購入者の怒りを鎮火して不満を抑えることが目的と思われますが、素早い返品・返金処理がなされます。

ECでの買い物で、返品に応じてくれなかったケースや、応じてくれたとしても返送料が高くつくことで泣き寝入りした経験をしたことがある方もいるでしょう。そのような場合、次の機会も当該企業を積極的に利用したいと思えるでしょうか。「品質が悪い！」という商品に対する印象だけでなく、「対応が悪い！」「失敗した！」というネガティブな印象のみが残りやすく、結果として、顧客は去っていくでしょう。

ECが発展を遂げた中国では、企業に返品・返金を要求し、その迅速な対応に安堵するや否や、「返品・返金対応に関するレビュー」の依頼が届きます。商品に対する不満を返品対応でカバーすべく、低評価のレビューを少なくする狙いを読み取ることができます。むしろ、返品対応で高評価レビューに置換させる中国企業のしたたかさを感じます。

グローバルに急成長を遂げているSHEIN（シーイン）では、原則、返品は無料になりました。そして、24時間以内に宅配業者が荷物を引き取りにきます。返品依頼をすると24時間のタイマーが起動します。これは商品を出品している業者に向けたタイマーであり、24時間以内の返品対応を義務づけています。

中には、不良品の交換を依頼した際に、「返品なし返金」で対応されることがあります。これは、「返金には対応するが、商品の返送は不要」というものです。

返品を受けつけないのは、輸送コストの負担が大きいことに加え、返品対応の手間などユーザーの負担やストレスをこれ以上増やし、低評価レビューが増えることを危惧した対応とも言えるでしょう。

こうしたクレーム対応により、顧客の怒りの大部分を鎮火することができます。それどころか、**顧客に寄り添った対応は「そこまでしてくれるの？」というプラスの評価に転じ、クレーム客からファンへ変える力もある**のです。

4-2

離脱要因②
使い勝手が悪くストレス

「UI」で劣るサービスは致命傷

どんなに魅力的ですぐれた「結果品質」を有するサービスでも、操作性が悪く、使い勝手が良くなければ、その魅力や価値は大きく下がります。その結果、せっかく結果品質で他社よりすぐれていたとしても、顧客は離脱してしまいます。

この使い勝手や操作性といった品質（評価軸）が、「知覚品質」を構成するもう1つの要素、「**過程品質**」です。顧客が実際に体験する「知覚品質」は、次のように構成されると考えられています（小野、2010）。

知覚品質＝結果品質＋過程品質

このように、顧客が体験を通して知覚する品質は、体験後の「結果」と体験途中の「過程」の両面から評価したものと考えられています。

多くのユーザーに支持されている製品やサービスは、小さな子供からお年寄りまで、誰もが使いやすいように細部まで気をつかった設計がされています。たとえば、世の中を驚かす革新的な製品を世に送り出し続けてきた米アップルの神髄は、はじめて製品を手にするユーザーが難解な説明書を読まずとも簡単かつ快適に操作ができる点にあります。パソコンや携帯音楽プレーヤーから始まり、スマートフォンでも新境地を開いてきたアップルの強みの1つが、「**直感的な使いやすさ**」を実現する「**UI（ユーザーインターフェース）**」を生み出す力と言うことができるでしょう。

同社の創立者であるスティーブ・ジョブズは、繰り返し現状を打破したことでよく知られています。iPhoneの開発において、携帯各社がどこもキーボードを小さくしようとしていたときに、ジョブズは「私たちはボタンを全部なくす」と言い、3・5インチのガラス板とボタン1つという外観になりました（ヒンディ、2018）。「なぜキーボードは必要なのか？」という現状をくつがえす問いを立て、タッチスクリーンのソフトウェアキーボードというイノベーションを生み出しました。

アップルの成功を受け、今日では人間工学（エルゴノミクス）に基づいた設計やユニバーサルデザインで身体的な負担を考慮した、誰もが使いやすい製品が増えています。閲覧者や利用者の多いデジタルサービスやWebサイト、アプリなども同様です。ユーザーのストレスや負担がなく快適に利用できるように、ページがデザインされています。

ユーザーに考えさせるデザインは嫌われる

Webサイトやアプリでいうところの UI は、「読みやすさ」「見やすさ」「わかりやすさ」「使いやすさ」の観点が極めて大切です。すなわち、**視認性、デザイン性、操作性**が、デジタルサービスの過程品質を構成するメインの要素です。**すぐれたUIデザインとは顧客・ユーザーに「考えさせない」ストレスフリーなデザイン**です（宮下、2023）。

顧客に考えさせないデザインにするには、何よりも利用者である顧客目線でデザインを行なうことが大切です。そして、多くのさまざまなタイプの顧客に対し、あらゆる検証を何度も繰り返し、問題点を特定・改善していくことが必要です。

デジタルサービスにおいて顧客に考えさせる、すなわち「過程品質が悪い」UIデザインとは、具体的には次のような状態を指します。

【顧客に考えさせるUIデザイン】

- 操作手順が複雑で判断をともなう
- サイト全体の構成がわかりにくい
- 情報が整理されておらず、読みにくい
- 目的の箇所にスムーズにたどり着けない
- デザインや画面構成が頻繁に変更される
- 初見では直感的に操作しにくい
- デザインの統一感がない
- 文字の体裁が整っていなくて読みにくい
- ページが表示されるまで時間がかかる
- 煩雑な手続きが必要
- 入力フォームの項目が多い
- 不明瞭で煩雑な返品・返金システム

いくらコンテンツやサービスなどの結果品質がすぐれていてもUIが低いとせっかく集客したユーザーが、肝心の情報にたどり着くまでに離脱してしまうリスクが高くなります。たとえば、Webページで何かを購入する際、選択に迷ったり、手続きが煩雑だったりしたことでストレスや不便さを感じ、結局決済までにいたらなかったという経験をしたことがある人もいるでしょう。このようなページは操作性や視認性が劣る、過程品質が悪いページの代表例です。ほかにも、数あるラインナップから目当てのコンテンツを探すのに苦労する場合も同様です。

結果品質に満足してサービスを利用し続けている既存ユーザーでさえも、操作性や視認

性といった過程品質が悪いとストレスを感じ、これを理由に離脱することは少なくありません。

スキャナビリティの低さ

人間は元来、効率性を求め、自分の目的を達成するために最小限の労力でそれを実現しようとする傾向があります。そこで、必要以上に時間を取られたり、心理的に負荷やストレスがかかることを極力避けます。

オンラインでＷｅｂページやアプリを利用するユーザーの消費行動も、こうした人間が持つ特性に大きく依拠します。1日に大量の情報に触れる現代人は、Ｗｅｂページなどに記載されている記事やテキストの1節をすべて読むようなことはしません。その代わりに、ほとんどのユーザーは斜め読みや飛ばし読みをして、全体の流れやおおざっぱな内容を把握しようと試みます。

人間は自分の目的に応じて必要な情報を瞬時に選別し、それ以外の情報は遮断しようとする傾向があります。今日のデジタルサービスはとかく情報量が多くなりがちですが、情報を詰め込んだサイトを制作しても、「必要な情報はどこにあるのか」「探す手間が面倒そう」という感情をユーザーに抱かせてしまうと、ユーザーはすぐにサイトから離れてしまいます。

そこで重要になるのが、「**スキャナビリティ**」という概念です。スキャナビリティは、ユーザーがＷｅｂサイトやアプリに訪れ、**斜め読みなどでさっと目を通した際に、どれだけ簡単にコンテンツや情報を識別・理解できるかを表す言葉**です。

スキャナビリティが低ければ、当然ユーザーがページを離れる可能性は高くなります。中でも、ユーザーが自分の目的に関連した重要な情報を瞬時に識別できないデザイン、レイアウトの場合、ユーザーは多くの労力を割くことになり、目標を迅速に達成することができずにサイトから離れてしまう可能性が高まります。

操作性にせよ、視認性にせよ、いずれにおいてもユーザーはオンラインでストレスを感じたり、時間や労力を無駄にする行動をしたくないと考えます。オンライン上のＵＩデザイン次第で、使い心地や満足度は大きく変わり、サービス利用の定着率に大きく影響することになります。この現実を認識し、ＷｅｂページのＵＩの最適化を常に図り、顧客体験を向上させていく取組みが求められます。

ユーザー視点で課題を抽出して離脱率を改善

企業のWeb担当者が頻繁に遭遇する課題として、「ランディングページ（トップページ）からの直帰率や離脱率が高い」という点が筆頭に挙げられます。Webサイトの入り口となるランディングページないしインデックスページから、いかにストレスなくユーザーの目的に応じて次のアクションへ導くことができるか、そして最終的にはコンバージョンへつなげることが求められます。企業のWebサイトは、複数の階層構造にてコンバージョンまでの最適な道筋を考えてデザインされているわけですが、当然ながらユーザーは企業側の思惑通りに行動してくれるとは限りません。多くの場合、企業の意図に反して途中で離脱してしまうことになります。

ユーザーの思考や利用用途に基づくWebサイトやアプリをデザインする人が「UXデザイナー」です。**UXとは「ユーザーエクスペリエンス（体験）」**のことで、その重要性から社内で内製する企業が増えています。

UI／UXの改善が顧客を引きとめる最短ルート

UIやUXがすぐれているかどうかを判断するのは当然ながら利用者です。利用者の目的意識やデジタルリテラシー、利用環境なども考慮して、常に利用者目線でUIやUXをデザインすることが何より求められます。言うのは簡単ですが、実際に利用者目線を貫き、利用者に最適なUIやUXをデザインすることは容易ではありません。何はともあれ、自社のユーザー、利用者を深く理解するという作業は不可欠です。

シンプルで使い勝手が良いUIでありながら、利用者に温かみや親しみを感じてもらえるUXデザインの追求が、直帰率や再訪率の改善につながります。見た目の快適さである「視認性」、さらには使いやすさの「機能性」に加え、「遊び心」のあるサイトやアプリは思わずいろいろなページを訪問したり、試してみたくなるものです。これらの要素が顧客体験を最適化し、顧客を引きとめる最短ルートになるのです。

ケース

Yahoo! JAPAN
―「使い慣れた」と「使いやすい」を両立するデザイン―

アクセス数（訪問数）や月間アクティブユーザー数等の指標において、国内屈指の規模を誇るのが、LINEヤフーが運営する「Yahoo! JAPAN」です。1996年のサービス開始以来、ネットの普及とともに変化する利用者のニーズに応え続け、今や国内ネット利用者の8割以上、人数にして8400万人ものアクティブユーザーを獲得しています。

同社は創業時より、UIやUXを重要視したデザイン経営を実践してきました。より快適な操作感やミスタップの解消に向け、表示されるボタンの大きさや色、余白、フォントなどを若年層から高齢層まで、さまざまな年代のユーザーへ検証しながら改善を繰り返しています。

主力サービスの1つであるYahoo!メールは2021年夏頃からW3C（World Wide Web Consortium）が提唱するアクセシビリティガイドラインに準拠して、画面をシンプルではっきり見やすいデザインに移行し、あらゆる環境において、どのようなユーザーでも視認しやすいように文字やボタン、色彩、コントラスト比などが改善されました。動作や画面の切り替えがよりスムーズになるように、操作の手間を減らせる改善も行なわれています。また、スマホとアプリでアイコンや色合いといったデザインを統一することでシームレスな体験を提供できるよう改善が施されました。慣れ親しまれたサービスを刷新するにあたり、**完全に切り替えるまでには半年ほどの時間をかける**とともに、**ユーザーにストレスを与えないよう基本的なボタンの配置やレイアウトはほとんど変えていません**（ＬＩＮＥヤフーＨＰ）。

同社はこうした取組みをさらに強化すべく、２０２２年に「ＵＸ推進本部」を立ち上げました。本部には、プロダクト推進部、デザイン推進部、ＵＸ品質推進部がそれぞれの立場で、１００を超える多種多様なサービスにおけるＵＸ品質を高める取組みを進めています。

ユーザーがわかりやすく簡単にサービスを使えるように、経営層から制作の現場にいたるまで全社を挙げてＵＩやＵＸを磨き込んできた活動が評価され、令和３（２０２１）年度「知財功労賞」での「特許庁長官表彰」において、「デザイン経営企業」を受賞しています（ＬＩＮＥヤフープレスリリース）。

4-3

離脱要因③
コスパの悪さにガッカリ

サブスクを離脱する最大の要因

食品や日用品など、あらゆる商品の値上げが続く中、費用対効果の高い「コスパ」型商品やサービスが消費者の心をとらえています。

第2章で触れたように、男性、女性ともにサブスクを離脱する理由で最も多かったのが「お得感を感じなくなった（料金のわりに価値や効果が低い）」でした。顧客満足のモデルで言う「知覚価値」です。すなわち、自分が支払っている金額（コスト）と知覚品質の相対比において、その評価が低くなって離脱するというケースが男女ともに最も多いという結果が観察されました。

自分が支払うコストには、2種類のタイプがあります。1つが、サービス利用金額として月額1000円のように支払金額として数値化できる「**金銭的コスト**」です。もう1つが、数値化できないコストで、多くのサービスから目当てのものを探し出す労力や手間といった心理的コスト、さらにはそれに費やす時間的コストなどの「**非金銭的コスト**」と呼び得るものです。

知覚価値は、知覚品質との関係から次のように整理できます（小野、2010）。

知覚価値＝（結果品質＋過程品質）÷（金銭的コスト＋非金銭的コスト）

このように、知覚価値は、商品やサービスの消費から実際に得られるベネフィット（利得）を、商品やサービスの購入や利用までの手間などのコスト（損失）で割ることによって算出することができます。

実際に顧客が体験した効果・性能（パフォーマンス）と、利用前から利用後までの一連の過程において要した費用（コスト）を対比し、後者よりも前者が大きいか否か、つまり、「コスパがいい」と消費者が感じるか否かでサービスや製品の継続または離脱が決定づけられます。

それでは、「コスパがいい」と消費者が感じるのはいかなる状況でしょうか。単に価格が安いだけではありません。そして、単に品質が高ければいいという状況でもありません。

こうした単独のベクトルではなく、これらを相対させたうえで、〝**価格以上の価値がある**

と評価できる〟と判断された際に「コスパがいい」と消費者は知覚します。この場合の**価格（コスト）は、実際に支払った金額のほか、探索コストや心理的コストなどを含みます。**

コスパがいい、すなわち知覚価値が高い状況とは、**同じ価格帯のものと比較**して、品質や機能、デザインやサービスなどがすぐれている（値打ちがある）と消費者が評価した際に知覚されます。あるいは、品質や機能面では同じ水準であるが、金銭的コストと非金銭的コストが低い状況においてもコスパがいいと知覚されます。

デジタルサービスの特徴として、他社が提供するサービスと比較しやすいという利用者側の利点があります。

自分が今使っているサービスが果たしてコスパにすぐれているのか、他にもっとコスパにすぐれたサービスがあるのではないか、オンラインでは店舗でのショッピング以上に価値と価格の関係を見直すことが容易になります。デジタルサービスの多くがお試し期間を設けていることも、能動的に情報を収集しやすくしています。

支出したコストに高い効用を求める現代人

前ページの知覚価値を求める式から、顧客の知覚価値を上げるには、①「利得」である品質を強化するか、②「損失」であるコストを抑制するか、の2つのパターンがあることがわかります。

実際に知覚価値が低いと感じるデジタルサービスの具体例を記します。

- コストに見合った価値や魅力がない・なくなった
- サービスの利用に労力や手間など非金銭的コストがかかる
- サービスを継続しても効果やベネフィットが低い
- コンテンツが多すぎて利用しきれないので「もったいない」
- 使っていない機能やサービスがあって「もったいない」
- 利用頻度が少なくて「もったいない」

現代の消費者は「**買って損をしたくない**」という消費心理が強く働いています。昨今のように円安や原材料価格の高騰を受け、幅広い分野で値上げが続く時代には、これまで以上にコスパを重視する傾向が強まっています。

人間は物事を判断するときに、さまざまな認知バイアスの影響を受けます。たとえば、行動経済学の有名な理論である「**プロスペクト理論**」**によると、損失は同額の利益よりも**

大きく感じられ、損した悲しさの方が得した喜びよりも多くなると言われます。つまり、人は現状の生活をより良くしようという思い以上に、現状よりも悪化してしまうことを恐れてしまうといったように、損失回避性に敏感なのです。

年齢が若いほど「コスパ重視」

消費者庁の調査（2022年）において「費用対効果（コストパフォーマンス：コスパ）を重視する」に「当てはまる」（「とても当てはまる」または「ある程度当てはまる」の計）と回答した人の割合は、全体で45・2％となり、「当てはまらない」（「ほとんど・まったく当てはまらない」または「あまり当てはまらない」の計）18・1％を大きく上回る傾向が見られました。

年代別に見ると、コスパを重視する世代は20代と30代がともに65・0％と最も高く、以下、「10代」（58・3％）、「40代」（54・7％）が続きます。50代以降になると、コスパを重視する比率が半数を切り、60代では35・1％、70代では25・8％と低下していきます。この結果から、年齢層が高くなるほど収入面にも余裕が出てくることから、コスパをそれほど重視しない傾向が示唆されました。

膨らむ経済不安や将来不安

78ページで示したアンケート結果において、サブスクの離脱理由に「**経済的な余裕がなくなった**」が女性の回答の上位にありました。日本経済新聞社が20代から60代の男女1000人に行なった調査で少子化が進む理由を問うと、最も多かった回答は「家計に余裕がない」の74・5%でした。「現役世代への家計支援が不足」「日本の将来への不安」も3割を超えました（日本経済新聞、2022年11月22日朝刊）。

今、20代30代の若者を中心に国民の将来不安は尽きません。コロナ禍で停滞した経済活動による景気後退に加え、足元では物価高や光熱費の高騰などで生活への負担が一段と増しています。

また、日本における育休取得率（2022年）は、男性が17・1%で過去最高になりましたが、女性の80・2%に比べ依然低い割合です（厚生労働省「令和4年度雇用均等基本調査」）。女性への過度な育児負担はいまだ大きな課題であり、早急な見直しが必要であることが顕著にわかります。

将来への不安や、不安につながる経済的リスクへの意識がいまだ日本社会には根強く、サブスクやデジタルサービスを「不満や嫌いでやめる」のではなく、「**消極的理由**」で断

捨離していく消費者の存在が浮かんできます。

コスパ追求ビジネスに商機あり

本章第1節でも紹介したSHEINでは、徹底的にコスパを追求し、数百円から1000円台、高くても3000円台程度の価格帯の洋服からアクセサリーを豊富に品揃えしたうえ、毎日、膨大な数の新製品がアプリで更新されていきます。さらに、顧客の探索コストを抑えるために、検索や絞り込み機能が充実し、強力なレコメンド機能やユーザーのUGCを充実させるなど、現代の若者の価値観に合致したビジネスを展開しています。

同じく、中国発雑貨系ECのTemu（ティームー）も飛ぶ鳥を落とす勢いで急速に世界のマーケットで存在感を高めています。SNSで怪しさすら感じるほどの激安な商品の広告を目にする機会が増えたこのECは、中国で共同購入型ECとして有名な拼多多（ピンドゥオドゥオ）が2022年にリリースした格安越境ECです。同社はSHEIN同様に極めて短期間に海外市場でシェアを拡大させることに成功しています。2022年9月、アメリカでのサービス開始を皮切りに、オーストラリアやニュージーランドに拡大し、2023年にヨーロッパ、そして同年8月に満を持して日本でリリースとなりました。

世界が物価高の波に飲み込まれる中、「億万長者のように買い物をしよう」をキャッチコピーにしたＴｅｍｕの価格戦略は世界の顧客を惹きつけるのに十分に値します。

しかし、「支払う価格が安い」イコール「コスパにすぐれている」というわけでは当然ありません。

ケース　エアークローゼット
──離脱した顧客が戻ってくる

プロのスタイリストが厳選した3着が毎月自宅へ届く「ａｉｒＣｌｏｓｅｔ（エアークローゼット）」を例に挙げると、サービスの利用料金自体は1万円ほど（レギュラーコース）かかりますが、借りられる服を購入した場合の総額や利便性を考えればコスパにすぐれたサービスとして評価されています。

ここで言う「コスパ」の良さとは、単に「支払う価格」だけでなく、「買い物に出かける手間」から「商品を選ぶ手間」、さらには「メンテナンスの手間」までを含めたコストとの比較なのです。

エアークローゼットのサービスでは、登録時のファッションタイプ診断で、好みの系統とコーデ例などを把握したのちに、プロのスタイリストが診断結果をもとに３００以上のブランドからセレクトした服が自宅に届きます。スタイリストからのアドバイスを参考に手持ちの洋服などとコーディネートを楽しむことができ、アイテムの交換回数は無制限でできます（レギュラーコース）。納得するまでスタイリングし直してくれるとともに、納得するまで実際に商品を試してから会員限定価格で購入することもできます。着用後のクリーニングやメンテナンスなど面倒な作業は利用客が行なうことはありません。

顧客にとっては買い物の失敗を回避する、新しい洋服の買い物スタイルとして、同社のサービスは瞬く間に支持を受け、サービス開始から８年（２０２３年２月）で会員数が１００万人を突破しました。

一般的にアパレルのサブスクは多くの企業が参入し、その多くが短期間で撤退しています。同社やアメリカのＳｔｉｃｈ Ｆｉｘ（スティッチ・フィックス）のようにＡＩによるスタイリングを導入している企業が支持を集めています。ＡＩによる予測の精度を高め、１人ひとりの理想のスタイルにいかに近づくことができるか、これがサービス継続のカギをにぎります。

そして、同社にはもう１つ、**顧客が「帰ってくる」という特徴**があります。

エアークローゼットの代表取締役社長兼ＣＥＯの天沼《あまぬま》聰氏は、顧客体験の重要性を強調しながら、解約については次のように言及しています。

「解約の手順をわかりにくくする、無理に引きとめるといったことも、もちろん行なっていません。解約したい方には、**すぐ簡単に解約できるようにマイページなども工夫**していいます。そのうえで、もう一度始めたい人は**スムーズに再開**できるようにしています」（FiNE HP）

解約を防ぐための1つの手段として、年間契約の顧客には割引を用意する一方で、解約したい顧客には縛りを設けるなどの無理強いはまったくしていません。これが奏功していることは、「当社の月額会員に登録する方のうち**10%強が、過去に解約して再開するお客様です**」というコメントから、わかります。

コスパにすぐれているだけではなく、解約にいたるまで〝すぐれた顧客体験にフォーカスすること〟がリテンションマーケティングにおいて重要であることがわかります。天沼社長の次のコメントがそれを証明しています。

「気持ち良く解約してもらえれば、長くファンでいてくれます。そうすれば、またお客様のご都合が良いタイミングで戻ってきてくださると、定量的なデータでも確認できています」（FiNE HP）

4-4

離脱要因④ 「タイパ」の悪さにイライラ

「時は金なり」があらためて注目されている

費用対効果の高いサービスに支持が集まる一方で、「**時間対効果**」すなわち費やした時間に対する成果や満足度の高いサービスも根強い人気を得ています。費用対効果のコスパに対して、いわゆる「**タイパ（タイム・パフォーマンス）**」と呼ばれる価値観で、時間効率を求める消費が急増しています。提供するサービスやコンテンツの種類が増えれば増えるほど、ユーザーのさまざまなニーズに応えることができますが、それによって、**お目当ての1つを見つける時間**を要して満足度を下げることになっては元も子もありません。サービスやコンテンツの質や量も大切ですが、過去の履歴をもとに最適なレコメンデーションができるシステムの有無が顧客離脱の大きなカギをにぎっているのです。

ＥＣにせよ、サブスク、動画サービス、ＳＮＳのいずれでも、**タイパへ対応しているサ**

ービスが顧客の維持に成功しています。タイパへの対応の遅れが、デジタルサービスはもちろんのこと、リアルのビジネスでも命取りになりかねない状況が生まれています。

昔から「**時は金なり**」と言います。時間を有効に使う、無駄にしないという考え自体はこれまでも大切にされてきたわけですが、あらためてタイパが注目される背景にはデジタルが広まった現代ならではの事情があります。

アテンションエコノミーで競い合うデジタル企業

ネットの世界にはコンテンツが溢れています。デジタル経済で生きる企業は、ユーザーの注意・関心をいかに向けさせ、時間を奪い合う競争を繰り広げてきました。このような「**アテンションエコノミー**」で競い合うデジタル企業は、消費者が向ける注意とそれを目当てにした広告収入を得るために日々、新しいコンテンツを生み出しています。

情報過多の現代において、利用者としてはできるだけ効率的に多くのコンテンツやサービスを消化したいというニーズが発生しました。そのための手段として、「動画の倍速視聴」や「ショート動画の視聴」、さらには「飛ばし見」「ながら見」などが広く支持されるようになり、タイパを重視したライフスタイルが広がっています。

また、Agoda（アゴダ）やBooking・com（ブッキングドットコム）などの旅行予約サイトのように、航空券や宿泊施設を一括検索・比較・決済できるワンストップのWebサービスは、タイパが重視される現代において大きなアドバンテージになっています。

大リーグのルール改正に学ぶタイパへの対応力

スマホの普及で娯楽の選択肢が格段に広がったことにより、エンタメやスポーツ業界では生き残りに向けた危機感が強まっています。たとえば、大リーグが試合時間の短縮に向けて、2023年シーズンから「ピッチクロック」を導入しました。ピッチャーに投球の時間制限を設けて投球間隔を短くすることで、試合のピッチを上げる試みです。改正当初は一視聴者として違和感を持ちましたが、見慣れるうちに違和感がなくなるどころか、スピーディーな試合運びに集中して視聴することができたり、ピッチャー主導の配球に見応えを感じるなど大リーグを見る楽しさが増えたように感じます。

ピッチクロック以外にも極端な守備シフトの禁止やベースの拡大などのルール改正が同時に行なわれました。このルール改正により、バッターごとに守備位置を変えることで時間を要していたのがスピーディーになり、安打や得点の瞬間が増えました。さらに、盗塁を増やすことや、選手の怪我を防ぐためにベースのサイズを大きくして塁間を短くする変更も行なわれました。

アメリカの調査会社によると、従来のスポーツよりｅスポーツを好むと回答した比率が12～17歳の女性で14％、男性にいたっては45％になっています（朝日新聞、２０２３年5月２日）。若者の関心がリアルのスポーツイベントからオンラインにシフトしている背景もあり、大リーグの今回のルール改正は若者の時間の使い方への意識や価値観の変化を反映した生き残りの策であり、スポーツへの関心自体がスマホやデジタル空間における他の娯楽に奪われてしまうことへの危機感の表れとして読み取れます。

現代人の「時間」に関する感覚の変化に迅速に対応したことで、大リーグが野球本来の魅力を高めたように、利用者目線で提供サービスの本質価値を高める努力ができる企業・業界のみが選ばれ続けていくでしょう。

コスパよりタイパを重視するZ世代

コスパに限らず、20～30代の消費者の間では、時間やお金や労力をかけずに、あらゆる消費行動を完結する価値観に支持が集まります。とりわけ、Z世代はタイパを重視する傾向があることが指摘されてきました。四六時中、スマホで大量の情報を追いかけねばなりません。増え続ける情報に対応するためには、タイパが欠かせないというのは理にかなっています。

さらに、タイパが志向される背景には、若者が自分の好きに使える自由な時間が少なくなっていることが挙げられます。SNSの利用時間をたずねた調査では、1日の利用時間が「3時間以上」という回答は、10代で約半数である44・6％、20代で39・1％となり、全世代平均（10・5％）を大きく上回りました（消費者庁「消費者意識基本調査」2021年度）。

LINEで交流するグループは1つや2つではありません。大学生を例にとれば、同じ学部・学科の同級生からゼミやサークルの仲間、さらにはバイト先や小中高の友人など複数のコミュニティに属しています。これに加えて、インスタグラムで友人や知人の投稿をフォローして……と常に友人とつながり、日々せわしなくコミュニケーションをとっています。身の周りのあらゆることに対してメリハリや優先順位をつけたり、映画・ドラマ・配信動画を早送りで視聴したり、ながら見するスタイルが支持されるのも当然です。

スマホとSNSの普及で情報過多となり、生活者の時間意識は大きく変わりました。

「損失を回避したい」から「やめる」

一方で、本当に価値がある、大切だと思えるものには時間やコストをかけます。好きなもの、関心のあるものには入念に情報収集を行ない、それ以外には徹底的に無駄を排除することでバランスを取ります。

コスパやタイパは、今やZ世代の若者に限らず、多くの現代人に共通する要素となりつつあります。書店でビジネス書を眺めると、「○冊を1冊にまとめた」や「60分でわかる○○」といったコスパやタイパの良さを強調したタイトルの書籍が溢れています。一般書でも同様で、名作やベストセラーを1冊にまとめた本が並んでいます。限られた時間で効率良くポイントを理解したいという現代人のニーズにマッチした書籍が売れていることがよくわかります。

類似したサービスが乱立する現代社会において、「この時間を他のことに使っていたら……」「このお金を他のことに使っていたら……」という機会損失を感じやすいのが現代の消費者です。**損失を回避したいという心理が、早々にサービスから離脱するというジャッジメントをすることになり、サービス離脱の動機になっている**のです。

根強い消費者の「時短・簡単」ニーズ

時間を無駄にしたくないZ世代にとって、すき間時間を有効に活用する「タイミー」など、スキマバイトサービスの需要が急増しています。大学生にアルバイト事情をたずねると、メインのアルバイトにスキマバイトを掛け持ちしているというケースがとても増えました。タイミーが行なった調査において、アルバイトの目的をたずねたところ、「空いた時間を効率良く活用したいため」と回答した学生が30・8%おり、タイパを意識して、スキマバイトをしている傾向が確認できます（タイミー プレスリリース、2023年6月15日）。

ＥＣ業界では、ネットスーパーの競争が激化しています。生鮮食品から日用品まで広く扱うネットスーパーでは、迅速な配送サービスがカギをにぎります。従来のネットスーパーの場合、翌日配送が一般的で、どんなに早い即日配送でも3時間程度は要していました。

しかし、今日快進撃を続けるネットスーパーは「**Ｑコマース**」（クイックコマース）という名称のもと、従来の常識をはるかに超える即時配送を実現しています。Ｑコマースはアプリで食品や日用品のオーダーを受けてから、30分ほどで自宅まで届けるサービスを提供します。Ｑコマースを牽引するスタートアップの「Ｏｎ・ｉＧＯ（オニゴー）」（日本）や「クーパン」（韓国）は、10分の「**ロケット配送**」を実現しています。ダークストアと呼ばれる配達専門の店舗を介し、注文を受けて梱包するのに3分、そして電動アシスト自転車で7分以内に到着する範囲（半径1・5km以内）に商圏を絞り込んでいます（日経クロストレンド、2021年9月7日）。

タイパを求める消費者から高い支持を集め、日本でＱコマースを展開するＯｎ・ｉＧＯは2021年の創業から急成長を遂げており、対象エリアと取扱品数を拡大させています。

オリエンタルランドが満を持して導入した「ディズニー・プレミアアクセス（ＤＰＡ）」

もタイパに対応したサービスです。お金を払ってでも、短い待ち時間で好きな時間に好きなアトラクションに乗りたいというニーズに対応しています。

ケース インスタカート
――「買い物代行」による究極のタイパサービス

アメリカ人の買い物を変えている企業の1つに、Ｉｎｓｔａｃａｒｔ（インスタカート）が挙げられます。今や食料品や生鮮品の買い物はインスタカートが提供するアプリ1つで済ませている、というアメリカ人が増えています。インスタカートが提供するのは食品配達サービスですが、その特徴は食料品全般の購入を「複数の小売業から選べる」という点です。同社はコストコやホールフーズ、ターゲットをはじめとする多くの大手小売企業と提携しており、利用者の代わりに「買い物を代行してくれるサービス」として人気を集めています。

買い物を代行してくれる「ショッパー」と呼ばれる人たちが利用客の代わりに店舗で買い物をしてくれ、自宅まで配達してくれます。1店舗ではなく、さまざまな店舗の商品を購入でき、それが早くて1時間で即日配送されるのですから、自分で買い物するよりも効率が高く、究極のタイパ志向サービスとしてアメリカ人に支持されています。

インスタカートを運営するメープルベアはユニコーン企業の代表格でした。2023年9月にナスダック市場に上場し、上場日の時価総額は110億ドル（約1・6兆円）に達しました（時事通信社、2023年9月20日）。創業者のアプアバ・メフタはアマゾンなどで実績を積んだエンジニアであり、サービスが便利なだけでなくアプリのUIもすぐれているとして高い評価を得ています。

4-5

離脱要因⑤ 失敗するかもしれない機能的リスク

後を絶たない通販トラブル

手軽で便利なはずのネットショッピング。しかし、消費者被害・トラブルは後を絶たず、年々、不正や詐欺行為の手口は多様化・巧妙化しています。かねてより多いトラブルが、「代金を支払ったのに注文した商品が届かない」「商品は届いたが、注文したものと違うものが届いた」「広告と商品・サービスの内容がかなり違っていた」さらには「偽物が届いた」といったものです。

そして最近では、「1回限りのはずで注文した商品が定期購入になっていた」「お試しのつもりが定期購入されていた」「解約したつもりができていない」といったように、定期購入に関する被害やトラブルが拡大しています。

東京都消費生活総合センターによると、令和2（2020）年度に寄せられた消費生活相談件数のうち、ネット通販に関する相談は4万件を超え、過去最多となりました。中でも、高齢者の相談件数が増加傾向にあり、ネットでの買い物が身近になった高齢者がトラブルに巻き込まれるケースが増えていることがわかります。

ネット通販ゆえに存在する「知覚リスク」

通販はネットにしろ、テレビにしろ、カタログにしろ、購入前に実物を確認できない性格上、商品の内容や価値などがわかりにくいという特性を持ちます。商品の種類によって異なりますが、消費者は一度購入したことのある商品でない限り、何らかの不安や懸念といったある種のリスクをともないます。

消費者が商品やサービスの購入に際して事前に抱く不安や懸念のことを、「**知覚リスク**」[5]（perceived risk）と呼びます。知覚リスクは商品やサービスの購入に関連して生じるマイナスの期待効果です。知覚リスクには次ページの図表に挙げるように代表的に6つの種類があります（Robertson, 1970）。

5　知覚リスク……商品やサービスの購買や使用時にともなう不安やためらいといったリスクを意味します。知覚リスクは当初、機能的リスクと心理社会的リスクに大別されましたが、その後、主にここで挙げた6種類のリスクが識別されました（Tsiros and Heilman 2005 ; Solomon et al. 1999 ; Schiffman and Kanuk 1997 ; Greenleaf and Lehmann 1995）。

私たちの日常的な買い物行動を振り返ると、購入する商品やサービスのすべてに満足がいくということはありません。ときに、「買わなければ良かった」「違うものを選べば良かった」といった失敗や後悔をともなう買い物もあります。リアル店舗での買い物からネット（EC）での購入まで、そして、日用品の低価格の商品から高額の商品まで、程度の差こそあれ私たちの消費・購買行動は、絶えず何らかの知覚リスクがともなっています。そして、ときにこのリスクを承知のうえであえて購入するという行動をとる場合もあります。

とりわけ、ネット通販をはじめとするデジタルサービスでは、このような購買時点や利用時点での不安や懸念といった、知覚リスクの度合いが高くなる傾向があります。それは、次ページに示すようなネット通販特有の不安や懸念の存在が背景にあります。

■知覚リスクの種類

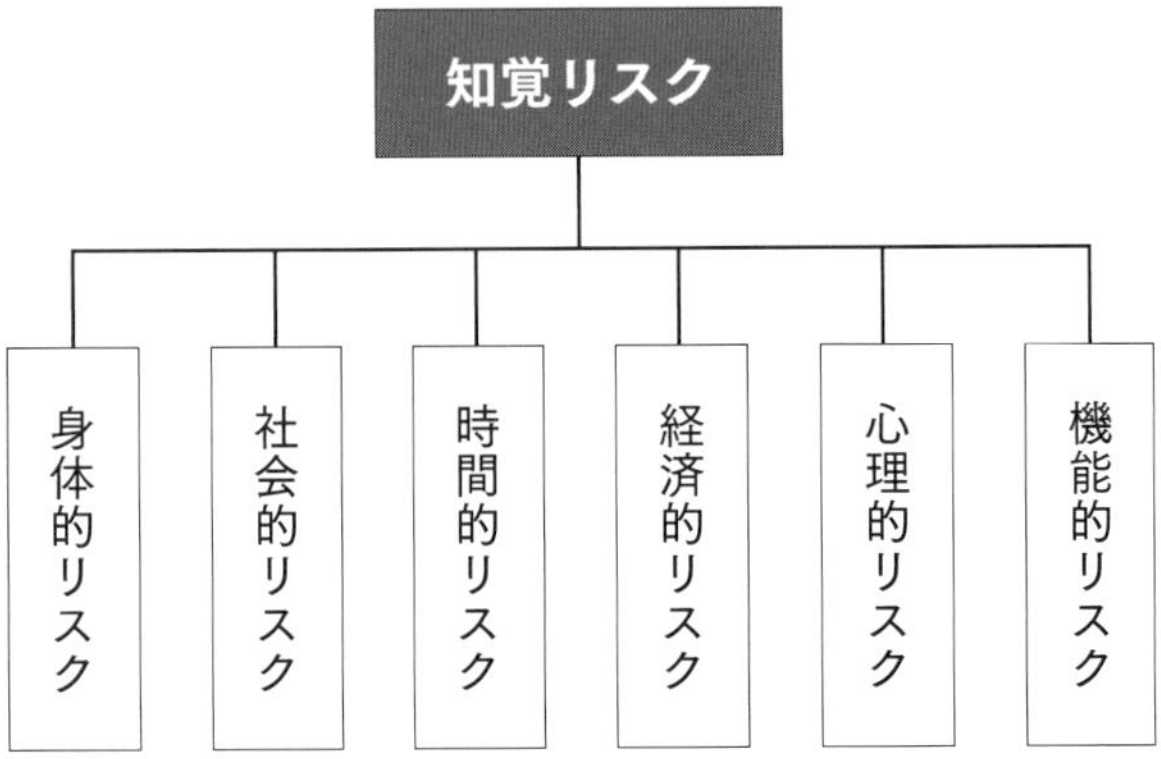

■実物に触れることができないことによる不安
■試用・試着することができないことによる不安
■取引業者（売り手）の顔を見ることができない、信頼性に対する不安
■個人情報（氏名・住所・クレジットカード番号）の漏えいや不正利用に関する不安
■取引完了（購入から商品の受け取り・確認）までにタイムラグがあることによる不安

知覚リスクの代表格「機能的リスク」

知覚リスクを代表するのが、機能的リスクです。これは、商品やサービスの機能や品質、性能に関して買い手が事前に抱くリスクであり、代表的には次のようなものです。

■期待通りの機能や性能でないかもしれない
■品質に問題があるかもしれない
■着心地や肌触りが良くないかもしれない
■期待しているほどの効果は得られないかもしれない

下の図表は、「インターネットでの商品・サービスの予約や購入で心配なこと」をたずねた結果です（消費者庁「消費者意識基本調査」2022年度）。割合の高い順から並べると、最も高いのが「個人情報が漏えいや悪用されている」でした。次いで「商品・サービスが期待やイメージとは異なる」、「粗悪品や不良品が届く」という機能的リスクが上位に挙げられていました。

この図表中において太字で強調している4つの項目（前述の2つに加え「サイズや数量等を間違えて注文してしまう」と「商品・サービスに関する情報が間違っている」）も機能的リスクに該当するもので、オンラインサービスでの利用で機能的リスクが多く存在していることがわかります。

オンラインサービスにおいて、機能的リ

■ ECで感じる知覚リスク（太字：機能的リスク）

個人情報が漏えいや悪用されている	58.7%
商品・サービスが期待やイメージとは異なる	**55.0%**
粗悪品や不良品が届く	**52.5%**
望まない広告メールが送られてくる	46.6%
トラブル時に十分な対応や補償がない	45.8%
解約方法がわかりにくい/解約を忘れてしまう	45.2%
苦情や相談の窓口がわかりにくい	41.6%
商品が送られてこない	41.3%
苦情や返品を受け付けてもらえない	39.8%
サイズや数量等を間違えて注文してしまう	**39.0%**
商品・サービスに関する情報が間違っている	**36.7%**
知らない間に定期購入になっている	35.9%
知らずに高額の契約をしてしまう	33.4%

スクが発生しやすいのが、アパレルのECです。ECでの衣服や靴選びは、色合いや肌触りなどの質感や着用イメージが確認できません。自分にピッタリなサイズかどうか、同じブランドを購入するうえでも判断するのは容易ではありません。イメージが先行してしまい、自分の身体サイズに合っていなかったり、イメージと大きく異なっていたことで、利用者が送料を負担して返品をしたり、あるいは受け取り拒否をされて泣き寝入りなどした際は、金銭的にも精神的にも大きなダメージを被るものです。

どんなに品揃えや価格が魅力のECでも、商品情報が乏しいECでは知覚リスクが高くなり、ECそのものから顧客が離れる理由になります。売り手目線のスペック情報だけが記載されていたり、購入者のリアルな声が欠如しているECは知覚リスクの観点から選ばれにくくなります。

消費者のリアルな声のUGCは、まさに買い手の知覚リスクの削減において決定的に重要な役割を担っているのです。

買い物の失敗を限りなくゼロに近づける

美辞麗句を並べた広告でつくられた期待を胸に新たな製品を購入したところ、期待に見合った成果が得られず、心の底からがっかりした経験は誰にでもあるでしょう。これは製品に限った話ではなく、サービスや店舗でもしかりです。こうした経験は極力したくないものですが、リピートでない限り、ある程度のリスクはつきものです。このようなリスクを可能な限り解消するサービスには当然のことながら需要が見込まれます。

従来、初めて利用する製品やサービスの効用や価値を事前に知る術は、限られた情報源に頼るほかありませんでしたが、デジタルプラットフォームがそれを可能にしました。

日本人以上にUGC（口コミ）を重んじると言われるのが中国人です。派手な広告よりもユーザーのリアルな声を重視します。中国のデジタル経済を動かしているのはUGCと言っても過言ではありません。商品購入や店選びで失敗しないよう、あらゆる商品やサービス、店舗の利用でUGCを参照します。

その代表的なプラットフォームが、約7億人のユーザーを抱える美団（Meituan）が展開している「大衆点評《たいしゅうてんぴょう》」で、今や中国人の日常生活に欠かせないアプリになっています。中国最大の口コミサイトとして、飲食店をはじめ、ショッピング、エンタメ、旅行・観光地、医療サービスなど多様な生活サービスの口コミや評価が掲載されています。中国全土はもとより、中国人観光客が訪れる他のアジア諸外国、アメリカ、ヨーロッパ、アフリカ、オセアニアなど世界中の観光都市をカバーし、多様な店舗やサービスのUGCに溢れ、中国最大の生活情報サイトとして広く支持を集めています。日本の情報も充実しており、飲食店から商業施設、観光地さらには体験施設など、あらゆる情報が掲載されています。

インスタグラムやＴｉｋＴｏｋなどの台頭で情報収集のメディアが変わりつつあります。情報収集や購入先が多様化していく中でも、「買い物で失敗したくない」というニーズの高まりから、この先もＵＧＣの存在感と重要性は一段と高まるでしょう。

ケース　アイスタイル「＠ｃｏｓｍｅ」
——買い物で失敗させない〝圧倒的な口コミ数〟

米アマゾンと、コスメ・美容の総合サイトである「＠ｃｏｓｍｅ（アットコスメ）」を運営するアイスタイルが業務資本提携したニュースは大きな話題となりました。アマゾンが是が非でも欲したのは、創業から20年以上かけて蓄積した、アイスタイルが有するコスメ・美容に関する圧倒的な口コミデータです。

＠ｃｏｓｍｅに寄せられた口コミ数は、累計で２０００万件を誇ります（２０２３年12月）。月間利用者数は１９００万人、国内外４万３０００ブランド・商品数39万点を備えた国内最大の化粧品・美容の総合サイトです（各数値は２０２３年6月末時点、同社ＨＰ）。

＠ｃｏｓｍｅでは、7点満点という独自の評価でリアルな感想や批評が寄せられています。とかくイメージが優先しがちな美容やコスメ業界において、自分の嗜好や肌にあった最適な1品を膨大な種類の中から探すのは至難の業です。そこで、＠ｃｏｓｍｅでは、口コミ件数やおすすめ度など複数の要素をもとに独自の集計を行ない、公正なランキングを表示することで、ユーザーが安心して購入できる手助けをしています。さらに、年齢や肌質で「自分に近い人」の口コミを絞り込むことも可能で、気に入った商品は口コミサイトから直接購入ページへ飛ぶことも可能です。

口コミの健全性を保つために、人の目による全件チェック（24時間365日の有人監視）や「通報ボタン」にて違反口コミの通報システムを導入するなど不正を排除する努力を重ねています。

口コミと化粧品販売を組み合わせたビジネスモデルが、女性の化粧品選びを大きく変えました。今や、国内の20代と30代の女性の過半数が毎月利用するサービスまでに成長を遂げています（同社HP）。

公式通販サイトの「@cosme SHOPPING」などオンラインから出発した同社ですが、現在は年間売上高の3分の1以上を実店舗のコスメセレクトショップである「@cosme STORE」が占めています。「試せる・出会える・運命コスメ」をコンセプトに掲げた店舗では、リアルとデジタルの融合を一層加速させた新しい買い物体験を提供しています。

4-6

離脱要因⑥
心理的リスクの上昇

多様な心理的リスクの存在

商品やサービスを購入・使用する際に、精神的な負担や不安感、ストレスなど精神に好ましくない影響を及ぼすリスクを「**心理的リスク**」と呼びます。

148ページで見た図表を再度見てみましょう（次ページ）。ECで感じる知覚リスクにおいて、最も多かった回答「個人情報が漏えいや悪用されている」がまさに、この心理的リスクです。その他、図表中の太字で強調した回答のすべてが心理的リスクに該当するものです。

ネット通販やデジタルサービスにおいて、いかに心理的リスクと機能的リスクを消費者が事前に感じているかがわかる調査結果です。楽しく便利なはずのネット通販ですが、残念なことに詐欺的サイトによるトラブルが後を絶ちません。クレジットカードの不正利用による被害額は430億円（2022年）を超えて過去最悪になるなど「フィッシング詐欺」が大幅に増加している状況にあり、ユーザーのクレジットカードや個人情報の不正利用に関する心理的リスクは高まりを見せています。

さらに、被害にあってしまった後の返品や代金の回収は非常に難しく、被害者が泣き寝入りせざるを得ないケースが多いこともユーザーの多くが知っています。サイトには「いつでも解約できます」と記載があるのに、いざ解約をしようとすると、その手順が不明瞭であったり、細かい条件が付加されていたり、電話がつながらなかったり、追加の支払いを求められたり……というケースを見聞きしているため、警戒心が強まっています。

■ECで感じる知覚リスク（太字：心理的リスク）

個人情報が漏えいや悪用されている	**58.7%**
商品・サービスが期待やイメージとは異なる	55.0%
粗悪品や不良品が届く	52.5%
望まない広告メールが送られてくる	**46.6%**
トラブル時に十分な対応や補償がない	**45.8%**
解約方法がわかりにくい/解約を忘れてしまう	**45.2%**
苦情や相談の窓口がわかりにくい	**41.6%**
商品が送られてこない	**41.3%**
苦情や返品を受け付けてもらえない	**39.8%**
サイズや数量等を間違えて注文してしまう	39.0%
商品・サービスに関する情報が間違っている	36.7%
知らない間に定期購入になっている	35.9%
知らずに高額の契約をしてしまう	33.4%

デジタルサービスにおける不安の特徴

また、前ページの図表にある「解約方法がわかりにくい／解約を忘れてしまう」という心理的リスクも調査対象の45・2％に見られました。その理由には、「解約までの手続やページがわかりにくい」（25・7％）が多い結果になりました（消費者意識基本調査、2022年度）。この結果から、デジタルサービスにおいては無料お試し期間などのインセンティブで新規加入をあおる一方で、加入したユーザーが離れようとする際に解約方法をわかりにくくする仕組みが採用され、それによって困った経験をしたユーザーが一定割合いることがわかります。高齢者のネット通販の利用が増えていく中で、とくにこうした傾向は強まっているものと推測されます。

このような心理的な不安は、高齢者固有のものではなく、若者世代から広い世代で共通に見られる傾向です。消費者庁の同調査で、「消費者トラブルに遭うおそれについて不安を感じているか」をたずねたところ、「不安を感じる」と回答した人の割合は、全体の73・6％と7割を超える結果でした。

ネット通販が幅広い世代に広く普及し、スマホでの情報収集・購入があたりまえとなっている現代においても、ユーザー側には年代を問わず依然として心理的リスクが高く存在していることがわかる結果です。ちなみに、実際に、2022年の1年間で何らかの消費者被害・トラブルを経験した人の割合は17・2%となっており、増加傾向にあります（令和5年版消費者白書）。

「ゼロリスク」志向の増加

Z世代を対象とした論説やアンケートを見ると、「**リスク回避の強さ**」が同世代の特徴の1つに挙げられています。買い物や消費で失敗をしたくないから、SNSで丹念に情報を入手したり、まったく知らないブランドや企業の製品に手を出すよりも慣れ親しんだ企業やブランドを選んだり、知っている企業やブランドでも新商品に手を出すよりもリニューアル品を好んで選ぶなど、数多《あまた》の「**失敗を避ける術**」を駆使した日常生活を送る傾向が上の世代よりも強いことが推測されます。

「**ゼロリスク志向**」とも呼ぶべき、Z世代の買い物に慎重な度合いを示した日本経済新聞社のアンケート調査を紹介します（日経MJ、2022年1月1日）。「どのようなブランドを購入していたり、購入したいと考えているか」をたずねたアンケートにおいて、衣料品で購入しているブランドでは、Z世代は「国内の有名ブランド」（35・5%）が最も高い結果となりました。これは「自分らしさを表現できると思えるブランド」（11・3%）を大きく上回る結果となり、多くの人が購入して支持している国内ブランドを選ぶことで、機能的リスクや心理的リスクを回避して安心感を得る買い物を支持する傾向を表しています。

化粧品・スキンケア商品についても、同様の傾向が見られ、「国内の有名ブランド」（32・3％）が最も高い結果になりました。

可処分所得がさほど多くないZ世代にとって、限られた予算の中で「失敗しない」商品やサービスを選びたいというニーズの高さを、この調査結果が如実に示しています。

もちろん、限られた予算で大切な買い物をする、というのはZ世代に限られたことではありません。Z世代以上の年代でも「**買い物に慎重**」になるユーザーの存在が指摘されています。

「売らない店舗」でのリスク回避

ネットでの買い物に慣れ親しんだネットユーザーにとっても、「失敗しないよう、安心して買いたい」という気持ちは同じです。目に見える形で、買い物の失敗を避ける「**不安を取り除く仕組み**」、言い換えれば「**徹底的に吟味できる仕組み**」の有無がデジタルサービスの顧客継続のカギをにぎります。

販売を主たる目的としないショールーム型の「**体験型店舗（売らない店）**」が人気を得て

いるのも納得できます。

2020年に東京でオープンした米スタートアップ「b8ta（ベータ）」では、有名企業の製品からスタートアップ企業で生まれたばかりのβ（ベータ）テスト中の製品まで最先端の製品やブランドが並んでいます。店頭に並べられた商品を実際に消費者が見て、触って、利用することができる「お試し」を目的とした店舗です。扱うカテゴリーは、ファッションからライフスタイル、情報・通信機器、生活家電、美容コスメ、食品・飲料まで幅広く、オンラインだけでは実現が難しい顧客体験を提供しています。

体験型店舗では、Z世代を中心に人気を集める多くのDtoC（ダイレクト・トゥー・コンシューマー）が並びます。DtoCは、その名の通り、ダイレクトに製造業者が消費者と取引するビジネスモデルで、主にSNSやWebサイトのみでダイレクトにユーザーとコミュニケーションを行ない、自社ECサイトで商品を販売します。DtoCブランドの買い手は、体験型店舗で実際に商品に触れて、知覚リスクを軽減する試みを行なっています。

ケース
アント・グループ
――心理的リスクの解消でフィンテック市場を席巻

ECの黎明期は、多くの企業が信用問題を解決しようと懸命に取り組み、ECならではの買い物リスク（信用問題）を解決しようとあらゆる方策が模索されました。

アント・グループ（旧・アント・フィナンシャル）は、中国で急速に普及したキャッシュレス社会を牽引してきた世界最大規模のフィンテック企業です。アリババグループの傘下として、2004年に誕生したオンライン決済サービスのアリペイ事業から発足し、日本でも知られるオンライン決済の「支付宝（アリペイ）」をはじめ、多くの金融サービスを手掛けます。

中国の巨大なEC市場において、買い手と売り手が手軽に安心して取引できるシステムを構築したのがアント・グループであり、同社は買い手と売り手のそれぞれが有する心理的リスクを解消し、両者の間で新たな信用のあり方を構築することに成功しました。

アリババが展開する「淘宝網（タオバオ）」は個人間取引である、CtoCのマーケットプレイスであり、買い手と売り手の間の信用問題は深刻でした。買い手の「商品を購入しても偽物や粗悪品かもしれない」「そもそも配送されてこないかもしれない」という不安、さらには売り手側にも「配送しても代金が支払われないかもしれない」という不安がつきものでした。こうした両者の心理的リスクを解消する策となったのが「契約が成立するまで第三者が支払金を預かる」エスクロー（第三者預託）システムであり、それを実現するサービスとしてアリペイが考案されました（イアンシティ＋ラカーニ、2023）。

このサービスでは、まず、アリペイが仲介役となり、買い手から代金を一時的に預かります。そして、注文した商品が買い手の手元に届いて内容を確認した段階で、売り手に代金を渡す仕組みです。

顔の見えないオンラインの個人間取引において、売り手と買い手間の心理的リスクや不信感を解消し、中国のデジタル経済の急成長を後押しするのに大いに貢献しました。

4-7

離脱要因⑦「ありきたりの良い体験」では物足りない

「便利」+「ありきたりの良い体験」でも勝てない時代へ

すでに述べたように、デジタルサービスの特徴として、他社が提供するサービスと比較しやすいという利用者側の利点があります。自分が今使っているサービスが果たして最良のサービスなのか、他にもっとコスパやタイパにすぐれたアプリやサイトがあるのではないか、コンテンツがもっと魅力的なサブスクがあるのではないか……。人間の欲求は尽きることがありません。

デジタルのある生活に慣れ親しんだ現代の消費者は、便利であることをあたりまえに感じるようになりました。一昔前では考えられないほど、1つのアプリやサイトでさまざまな体験ができます。便利なモノとサービスで溢れ、欲しいコンテンツはすぐに視聴・利用することができます。便利なだけで差別化できる時代ではなくなりました。

便利なことはあたりまえなうえ、「ありきたりの良い体験」で顧客をつなぎとめることが難しくなっているのです。

顧客を長期にわたって惹きつけ、継続的にサービスを利用してもらうためには、**単なる利便性や品揃えではない一層の工夫**を凝らさねばなりません。戦略論の大家、ゲイリー・ハメル氏は、グーグルの比類ない成功要因の1つとして、「猛烈な勢いで試行錯誤を重ねている」点を挙げています。これはグーグルに限ったことではなく、「企業の進化の速度は、どれだけ多くの戦略オプションを考案・検証するかによって決まる」と指摘し、イノベーションの網をできるだけ広く張りめぐらせることの必要性を主張しました（ハメル、2013）。

目が肥えた顧客が、すぐに見切りをつける

あるIT企業の方から「クーポンやレコメンデーションなどに慣れきった顧客の目は肥える一方で、次の一手が描けなくなってきた」という話を聞きました。このような悩みは珍しくなく、「これまで通用してきたプロモーションが効かなくなってきた」という企業は少なくありません。

デジタルの世界は、グローバルな市場で鍛えられてきたサービスに触れる機会を容易にします。安価で質の高いサービスや使い勝手のいいサービスに多く触れて、その価値を見

分ける鑑識眼を多くのユーザーが養いました。

その結果、通り一遍の情報しか提供しないサイトや特徴のないサービスを提供するECやアプリはすぐに見切りをつけられてしまうようになりました。デジタルの世界での経験が増えれば増えるほどサイトやサービスへの鑑識眼が養われるのは当然のことで、**これまでは取るに足りなかった些細なことでも、今では不満要素に発展することも十分にあり得る**ようになりました。

その結果、**顧客は買い物に慎重になって、経済的、時間的、心理的に価値を感じたものしか買わなくなっています。**

所有することが重要でなくなった

リアルの世界でこれまで取引されてきたさまざまな財が、デジタルに土俵を移しました。その結果、所有それ自体に価値を置かず、なんでも必要なものが利用できるようになりました。

月額1000円ほどで、動画配信（VOD）サービスではあらゆる映画を見ることができ、音楽配信サービスではあらゆる曲を聴くことができます。ほかにも、アマゾンでは月額9

80円で電子書籍200万冊が読み放題です。ソニー・インタラクティブエンタテインメント（SIE）が提供するPlayStation Plusではゲーム本体を購入しなくても多くのゲームタイトルで遊ぶことができます。興味・関心あるものを所有することなく利用できるようになったのが、この10数年の消費社会の大きな変化でしょう。

そして、すぐに何かをしたいという人間の欲求はスマホの登場により留まることがありません。何かについて反射的に「知りたい」「買いたい」といった欲求に駆られて、スマホで行動を起こす**マイクロモーメント**が発生する機会が急激に増えました。こうした現代人の消費行動の変化に対応した「**ストレスのない、心地良い顧客体験**」を生み出せるサービスやアプリが生き残っていくでしょう。

それに応える1つの例として、日本が出遅れているデジタル分野の1つである、MaaS（マース：Mobility as a Service）があります。これは、人間の移動に関する利便性を高めることを目的に、異なる複数の交通手段を最適化する概念です。

MaaSの重要な目的の1つが、バス、電車、タクシーなど各交通機関が提供するサービスを1つのプラットフォームで一元管理し、ユーザーがこのアプリを利用することでシームレスな交通移動を実現させることです。

フィンランドのスタートアップWhim（ウィム）は、1つのアプリでさまざまな交通サービスにアクセスできる自由を提供します。公共交通機関からカーシェアやバイクシェア、そしてシェアサイクルや電動キックボードのようなマイクロモビリティまであらゆる交通手段が組み合わされた最適解が提示され、ユーザーはそこで一括で予約を行なえます（Whim HP）。1つのアプリでさまざまな移動手段を利用できる利便性が広く支持され、世界各地で実証実験が行なわれています。

このような「シームレスな移動体験」は、「良質な顧客体験」の1つと言えるでしょう。

ブランドスイッチしやすい環境

デジタルは、留まることの知らない人間の欲求に応えてきました。デジタルコンテンツの多くは、限界費用（追加1単位の生産に必要な費用）が限りなくゼロに近いという特性を有します。デジタルによって、ほぼ完全な複製を追加的費用ゼロで行なうことが可能になりました。たとえば、動画コンテンツを100人に配信するのも100万人に配信するのも、コストはほとんど変わらなくなりました。

この特性を利用して、デジタルサービスの多くが、大量のトライアルユーザーを獲得するために、お試し期間を設けて無料でサービスを提供します。初月無料のキャンペーンを行ない、2ヶ月目以降、有料会員に自動的に移行するという戦略がお馴染みです。

「無料」は「値引き」に対して、比べ物にならないほどの大きなインパクトがあることが証明されてきました。無料を提示されると、値引きを受けたときとは違った心理状態になります。従来のモノの所有を前提とした経済では、「無料」で商品をもらえたり、サービスを利用できると聞いても、そのあとが高くつくのではないかと少し構えてしまうところがありました。ところが、**デジタルの世界では当然のようにそれを信用して利用するという大きな違い**があります。このような「**フリー戦略**」の集客効果は桁違いであり、各社がさまざまなフリー戦略を活用してトライアルユーザーの獲得競争を繰り広げてきました。

その結果、ユーザーはさまざまなサイトやアプリに触れることができ、サービスやコンテンツの量と質、さらには価格や使い勝手を容易に比較検討することができるようになり、サービス・ブランド間を移動（ブランドスイッチ）しやすい環境が生まれました。

顧客満足を超えた顧客歓喜（カスタマーディライト）

第3章の顧客満足のメカニズムで述べたように、期待水準と知覚水準が著しくかけ離れた状態になると、実際以上に高い／低い評価になる「**対比作用**」という心理効果が働きます。実際以上に高い主観評価の場合は「**顧客歓喜（カスタマーディライト）**」となります。

顧客歓喜、言い換えれば「大きな感動」は簡単に、そして頻繁につくれるものではありません。**小さくても良いので、心に触れる良質な顧客体験を継続して提供し続けることが何より重要です。**すぐれた顧客体験の条件として、「エフォートレス」「パーソナライズ」「サプライズ」を代表として挙げることができます（宮下、２０２２）。累積的な顧客満足や喜びを提供し続けるには、この3要素を含む次の点が重要です。

【提供するサービスやコンテンツが――】

①**新鮮であること**（フレッシュ）
②**驚きをともなうこと**（サプライズ）
③**労力が軽減されること**（エフォートレス）
④**嗜好にマッチしていくこと**（パーソナライズ）
⑤**洗練されていること**（ソフィスティケイト）

言い換えれば、次のような特徴のサイトやサービスは継続的に良質的な顧客満足を提供できず、顧客離脱につながります。

①目新しさがない
②驚きをともなわない
③手間やストレスがある
④自分好みになっていない
⑤洗練さがない

情報やコンテンツが溢れる時代でも、顧客は常に新しいものを求めます。このことは、他社の成功パターンのマネをした「**2匹目のドジョウ**」は支持されないということです。デジタル経済の黎明期であった10数年前は2番手商法でもうまみがありましたが、今はそれだけで勝ち残れる時代ではありません。

目の肥えた顧客に対し、いかにこれらの体験を継続して提供することができるか、普通の満足を超えた喜びを生み出す力がカ

■「顧客歓喜」を生むすぐれた顧客体験の条件

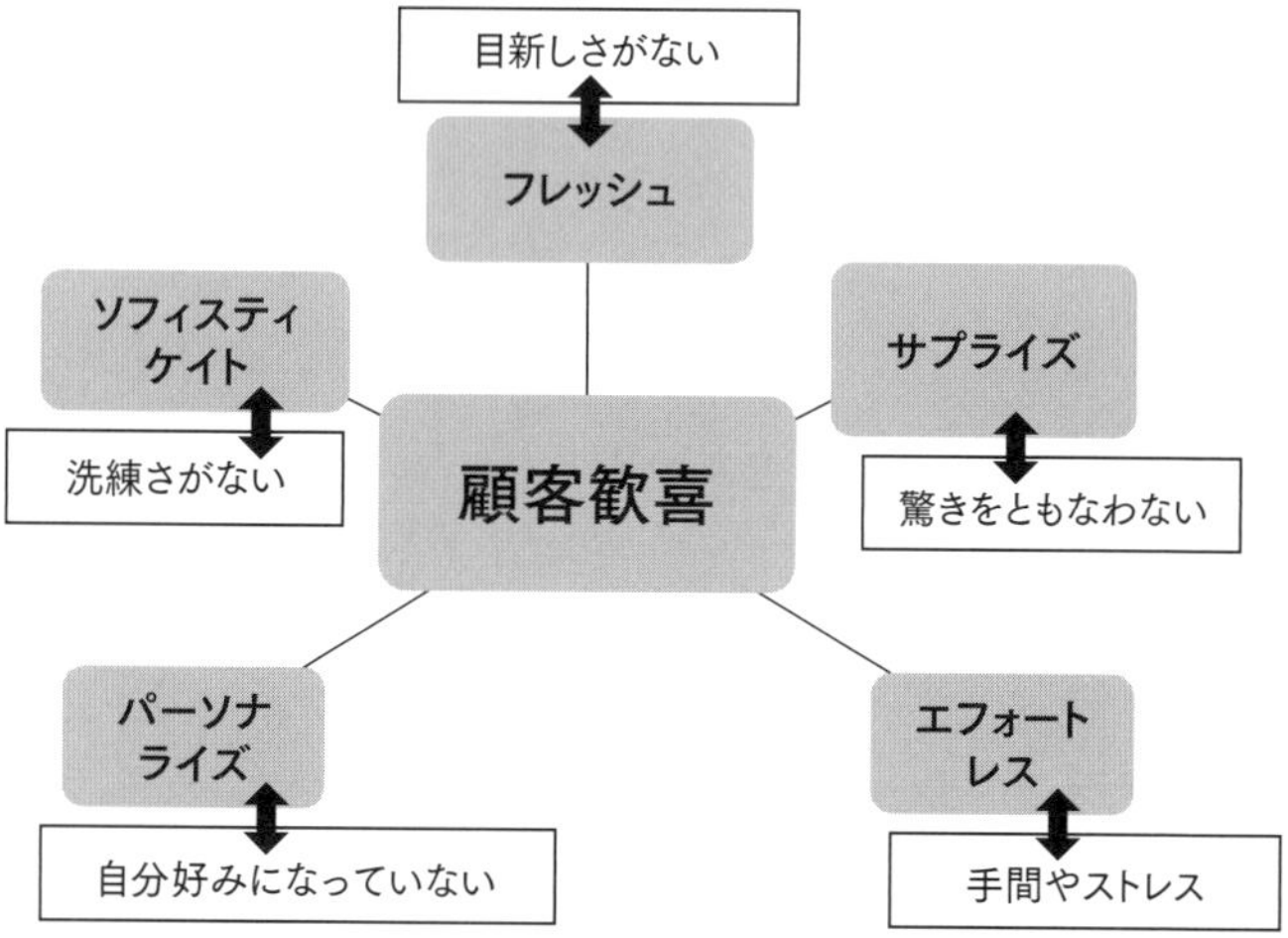

ギをにぎります。

ケース　リクルート
――「まだ、ここにない、出会い。」で新規事業を量産

先駆者が存在する業界に、〝人のやらないやり方〟で新しいサービス市場を次々と生み出してきたリクルート。同社の次のミッションは有名です。

「まだ、ここにない、出会い。より速く、シンプルに、もっと近くに。」

リクルートは、就職や進学、住宅や結婚など人生にまつわるあらゆる領域において、個人と企業をつなぎ、より多くの選択肢を提供することで、「まだ、ここにない、出会い。」をつくり出してきました。「情報を得ることができるプラットフォーム」としてのあたりまえを超えて、情報の提供を桁違いに速く、驚くほどシンプルに、もっと身近なものにすることで、まだ見ぬ可能性に出会う「機会」を提案し続けています。

就職情報誌の創刊からスタートした同社は、時代とともにさまざまな分野へと広がっていくことになります。ときに自社が築いた既存ビジネスを潰すことも厭わず、ＳＵＵＭＯ、

とらばーゆ、フロム・エー、カーセンサー、じゃらん、ゼクシィ、リクルートナビ（リクナビ）、タウンワーク、Hot Pepper、R25、スタディサプリなどさまざまなサービスを世に提供してきました。これらに共通するのが、「世の中にあふれる『情報』を、よりよいカタチで必要とする人々のもとへ届け、社会の『不』（不満・不便・不安）を解消すること」（リクルートHP）にあります。

世の中に溢れる「情報」を「**単に提供すること**」**ではなく、より良く洗練させた形で必要とする人々に届ける**ことや、ライフスタイルにかかわるすべての領域で個人と企業の新しいマッチングを、**エフォートレスかつパーソナライズして1つひとつ結びつける**ことで、「あたりまえに存在するもの」に競争力が生まれます。

世の中にどんな「不」が顕在的もしくは潜在的に存在しているのかを考えることが、リクルートがビジネスを考える際の基盤になっているのです。皆さんの企業では事業を構想するとき、何を手掛かりにするでしょうか。多くの企業が、自分たちはこんなことが得意だとか、こんなリソースを持っている、中でもこんなにすぐれた技術がある、という発想で考えがちです。しかし、リクルートのように**世の中の困りごとを事業構想の出発点に置く**ことで、「顧客の心に触れる体験」を提供することができるのです。

リクルートの主力事業は、この姿勢を維持することで、紙の情報誌からネットビジネスにシフトすることに成功しました。

4-8

離脱要因⑧
企業の不正・不祥事に失望

ユーザーを置き去りにするSNS

リリースから5日でユーザー1億人を突破し、アプリとして史上最速として話題を呼んだ「Threads（スレッズ）」。米メタ社がリリースし、イーロン・マスク氏の買収後に混乱が続くX（旧・ツイッター）に対抗する新しいSNSとして関心を集めました。メタが運営するインスタグラムには世界で約20億人を超える利用者がいます。この顧客基盤の存在がスレッズの初速の背景にあります。その後、利用者は低迷して減速傾向ですが、今後インスタグラムのユーザーを中心にどこまで次世代SNSとしての魅力を訴求できるか、その動向が注目されます。

一方のXについては、かねてより個人攻撃や誹謗中傷のまん延が世界的に問題視されてきました。ライバルのフェイスブックに比べて匿名性が高いことから、こうしたケースが頻発しやすく、デマやうわさ、不確かな情報が瞬く間に拡散される事態を私たちは何度も目の当たりにしました。世論操作を目的に偽情報を発信する手段として悪用されるケースや、ヘイトや差別を助長する有害投稿も深刻な社会問題として認識されてきました。

こうした事態への抜本的な対策を講じてこなかった同社に対する批判的な評価や評判が広がることによって、「ツイッター離れ」は世界的に生じていました。

経営者の変更をきっかけに、ツイッターは新しい機能が追加されたり、これまでの機能や仕様が修正されました。挙句の果てには、ユーザーが慣れ親しんだロゴマークや名称までもが変更になりました。1日に読める投稿数の制限やブロック機能を廃止する方針、さらには有料機能の拡充を突然表明するなど、混乱は止まりそうにありません。ユーザーに混乱と不利益を与える情報を次々と発信する新経営者にユーザーは振り回され、不安と不満が一気に高まりました。

このような**ユーザーを置き去りにした企業都合による混乱は、長年使い慣れてきたSNSから離れるユーザー、もしくは消極的に使い続けるユーザーといった2種類の顧客層を増やす**ことになります。これまで盤石な顧客基盤を築いてきたといえども、アクティブなユーザーが減少していけば、優位性が一気に揺らぐ事態に発展しかねません。

一方のスレッズにしても、新興SNSとしての地位を確立するか、一過性で終わるかはメタ社の変革がスピーディーに実行されるか否かにかかっています。徹底した顧客目線の

ユーザーフレンドリーなサービスや仕様に磨きをかけられるかどうかがカギをにぎります。目の肥えた顧客の期待に応えるには、**ライバル以上に豊かで繊細な体験の提供**が求められます。

一夜にして崩れ去る企業・ブランドの信頼

顧客が離脱を考えるような不満要因の発生は、必ずしも利用しているサービスの内容や品質と関連して発生するとは限りません。**いくら提供サービスがすぐれていても、いくらコスパやタイパにすぐれていても去っていくケースがあるのです**。それは、たとえば次のような事態が表面化した場合です。

- 個人情報の流出
- 個人情報の不正利用
- データ改ざん
- 人権侵害を含む倫理に反する行為
- 経営トップの失言／不祥事
- 過酷な労働環境
- 粉飾決算
- 法令／国際法ルールの不遵守
- 反社会勢力とのかかわり
- ハラスメントの横行
- 従業員による不祥事
- 顧客への不誠実な対応

■企業都合による一方的な仕様の変更
■虚偽・誇大広告

■不正／不祥事の隠蔽
■戦争・紛争への加担

近年、国内外の企業によるこうした種々さまざまな不祥事が連日のように報道されています。顧客へのあらゆる不誠実な対応は残念ながら後を絶ちません。製造業まで含めれば、産地偽装や消費・賞味期限や原材料記載の改ざんなど数え上げればきりがありません。

こうした問題が表面化すれば、刑事責任を問われたり損害賠償責任などの法的措置だけでなく、長年にわたり築いてきた企業やブランドの社会的信用やイメージは一夜にして崩れ去ることにもなり得ます。

ガバナンス不全が顧客離れの引き金に

問題が発覚したら、社会的に大きな事件や問題に発展しかねないにもかかわらず、何のために多くの企業がこのような顧客や社会に対する不誠実なビジネス行為を行なってしまうのでしょうか？

一度、不祥事を起こした企業は社会的信用を喪失し、顧客離れが進んで経営的に危機的な状況におちいります。社会的制裁を受けた企業が信頼とイメージを回復するには長期的な時間を要します。

先に記したような不祥事の多くは、偶発的に発生する類のものではありません。不正や不祥事が生じる原因や過程についてはさまざまですが、多くの場合、**ガバナンス（企業統治）の機能不全**という問題に帰着します。たとえば、顧客データを幅広く扱うIT企業にとってサイバー攻撃に対するガバナンス強化は必須です。事業がグローバル展開する中で、セキュリティガバナンスの脆弱な企業が狙われる傾向が見られます。

ESG（環境・社会・企業統治）を重視する経営の必要性が叫ばれていますが、令和に入ってからの数年だけでもガバナンス不全を浮き彫りにした事例が民間企業から公的組織まで後を絶ちません。最近の事例を見ると、経営層や上司の意向に盲従する閉鎖的で内向きな企業風土の組織に、このような不祥事が多く見られることがわかります。加えて、**行きすぎた成果主義や競争的風土が定着した組織**で不正や不祥事が起こりやすい傾向があります。

ガバナンスが健全に機能しなければ不祥事が起きやすく、不祥事によって社会の支持を失います。社会に支持されなければ顧客離れは当然のことながら加速していきます。

眼前の利にとらわれ、顧客を失う

不正や不祥事の発生は、ガバナンス不全に加え、営利組織として企業の利益を追求すぎた結果、というケースが多く見受けられます。買い手（顧客）よりも売り手（自社）の都合を優先して、**眼前の利益や都合に走る企業体質**が引き金となります。

企業不祥事の多くが、こうした「自社さえ良ければ」という売り手中心の発想ゆえに引き起こされています。倫理やルールを度外視した**顧客不在の経営**が顧客離れを招くことは歴史が証明しています。

企業活動を取り巻くリスクは、ここ数年で実に多様化・複雑化しました。自然災害や気候変動といったリスクに加え、テロや戦争・暴動といった安全保障上のリスクや政治的リスクは一段と高まりを見せています。今後さらに自然災害や安全保障、さらにはコンプライアンス面において想定外の事態が起きるリスクが高まっていきます。

これらのリスクにおける危機管理への対応力を高める取組みが顧客離れを防ぐには欠かせません。

セブン&アイ・ホールディングスの「正札販売」が支える企業への信頼

日本の流通業を牽引するセブン＆アイ・ホールディングスは、社是を以下の通り定めています。

「私たちは、お客様に信頼される、誠実な企業でありたい。
私たちは、取引先、株主、地域社会に信頼される、誠実な企業でありたい。
私たちは、社員に信頼される、誠実な企業でありたい。」（同社ＨＰ）

同社の歴史を見ると、「羊華堂」という屋号であった時代から、誠実さをビジネスの基盤ととらえてきたことがわかります。終戦直後の１９４８年に合資会社として再出発した羊華堂は、この年に「責任ある商品をより安く」の営業方針のもと正札販売を施行しています。これが戦後闇市で、物資の高騰や不透明な価格設定に混乱していた消費者の心をとらえ、戦災を免れたわずか２坪の洋品店から日本を代表する流通業に成長していきました。

セブン＆アイ・ホールディングスの成長を牽引してきたグループ事業の１つ、セブン‐イレブンでは、フェアプライス、すなわち、質の良い商品を適正な価格で売ることが重視されています。

セブン‐イレブンの育ての親である鈴木敏文元会長は、著書『商売の創造』で次のように語っています。

「マーチャンダイジング（商品政策）の基本は、価値ある商品を継続的に開発していくことだと考えています。それによって、安売り競争に巻き込まれることなく、フェアプライスを守り続けることができるのです…（中略）…商品と販売の両面で、どれだけ新しい価値を創造し、提供できるかが、現在の最も重要な課題なのです。」

鈴木元会長は、つねに顧客の立場に立ってものを考えることに加え、過去にとらわれない発想で周到な仮説を立て、顧客へ価値訴求力のある商品を揃える必要性を主張してきました。

ケース　オーケー
〝マイナス情報の開示〟で顧客の信頼を獲得

顧客満足度13年連続業界1位——。そんな食品スーパーがあるのをご存知でしょうか。関東を中心に140店舗以上の食品スーパーを展開している「オーケー」です。熱烈なオーケーファンに支えられ、なんと35期連続増収を達成しています。104ページで示した顧客満足度を測定する6指標（顧客期待、知覚品質、知覚価値、顧客満足、推奨意向、ロイヤルティ）すべてで1位の評価を受けました。2位の業務スーパー、3位のイオン、4位のドン・キホーテを大きく上回る結果となっています（日本生産性本部による2023年度ＪＣＳＩ調査）。

なぜ、同社は顧客に高い満足度を提供できているのでしょうか。それは、「高品質・

Everyday Low Price」の経営方針のもとで、特売をせずに年間を通して〝良い商品を圧倒的な低価格〟で提供している点が筆頭に挙げられます。NB（ナショナルブランド）を中心とした品揃えにおいて、徹底したローコスト経営で他店を上回る安い価格を実現しています。

オーケーの魅力はそれだけではありません。徹底した安さに加え、「正直さ」へのこだわりが顧客の信頼を生んでいるのです。店内には商品の品質や価格に関する情報、あるいはおすすめ商品などが記載されたPOPが多く掲示されています。その中に他店にはない独自のPOPがあり、それが「オネスト（正直）カード」と呼ばれるもので、商品のマイナス面を正直に表記しています（オーケーHP）。

「本日販売しておりますスイカは、日照不足のため糖度が不足しています（糖度約10度）。お差し支えなければ、他の商品のご利用をお薦めします。」

「長雨の影響で、レタスの品質が普段に比べ悪く、値段も高騰しています。しばらくの間、他の商品で代替されることをおすすめします。」

このように、購入を控えさせるような情報を発信している小売業を、私は他に知りません。正確で正直な商品情報を顧客に隠すことなく開示することで、品質に納得して購入してもらい、顧客をがっかりさせたくないという姿勢が伝わってきます。

オーケーが大切にしていることとして、ＨＰでは次のように書かれています。

「『極めて謙虚で、極めて誠実、極めて勤勉』、

私たちは、こう評価されたいと日々心がけ、

お客様にご不満が無いよう、常に努力しています。」

熱烈なファンに支えられて成長を遂げるオーケー。その成功の源がここに表れています。

4-9

離脱要因⑨ 嫌われる「マーケティング臭」

一方的な広告には懐疑的で嫌悪感

かつての消費者は、企業やブランドが発信する広告や各種プロモーションに影響されやすい存在でした。比較的限られたメディアにおいて、企業は知名度や好感度の高い有名人を起用し、同じ広告を何度も流すことで、認知度やブランドイメージの訴求を行なってきました。

時代は変わり、SNSが全盛の現代では、このようなかつての手法の効果は限定的になっています。SNSでは一般の消費者が発信する情報が圧倒的に多くなり、相対的に企業が発信する情報の存在感は影を潜めつつあります。現代の消費者はともすれば、自分たちに向けて発せられる（しかも関心を持てない）メッセージを煩わしいと感じ、企業からの一方的な広告を迷惑なものとみなします。

とくにＳＮＳやＷｅｂページにおけるインターネット広告に対する人々の嫌悪感は根強いものがあります。インターネット広告をブロックするアプリや拡張機能を利用したり、有料会員になり、広告なしでコンテンツを楽しむユーザーは後を絶ちません。

インターネット広告を見ると、広告掲載手法が自動化・効率化されたことによって実に多くの広告主や広告表現で溢れています。さらに、高度なレコメンデーション技術やパーソナライズ技術によって、広告手法は進化し続けています。

その一方で、利用側の消費者は必ずしもそれを歓迎していないことは複数の調査であきらかにされています。たとえば、国内の調査を見るとインターネット広告の信頼度は23・1％（２０２１年）でテレビ（42・４％）や新聞（42・９％）、雑誌（36・８％）を大きく下回ります（日本インタラクティブ広告協会調べ）。また、同調査では、回答者の約８割がＣｏｏｋｉｅをはじめとしたインターネット上での個人情報（ユーザー情報）の収集と、その広告への利用に不安を感じています。

こうした中で、実際にインターネットの利用者はどれだけ広告を見ているのでしょうか。各種デジタルサービスを利用していると、同じ内容の広告が執拗に表示されたり、真偽不明な内容や公序良俗に反するような「不快な広告」を目にする機会は多くあります。

また、景品表示法や薬機法、著作権法などに抵触する露骨な表現や画像を用いた広告を目にすることも少なくありません。**こうした不快な顧客体験の積み重ねにより生じる嫌悪感**から、このような広告を積極的に行なう企業のサービスから離脱するユーザーが増えているのです。

実際に、オンライン上におけるユーザーの視線の動きを可視化したヒートマップ調査において、利用者は記事部分は見ているが、周りの広告箇所は見事に避けているという調査結果が報告されています。

広告・マーケティングの信頼を揺るがす数多の手法と表現

しかし、一律にインターネット広告が歓迎されていないかと言うと、そうではありません。先の日本インタラクティブ広告協会の調査では、**インターネット広告の特徴であるターゲティングや即時性が有効に機能した場合は、ユーザー情報の活用を不快に思うことなく、広告を「有用」だと感じていることもあきらかになっています。**とはいえ、同じ調査で「インターネット広告の良い点は1つもない」という回答は30・9％であり、ネガティブな印象や実体験を持つユーザーが少なくない比率で一定数いることが確認できます。

このようなインターネット広告に対するネガティブな印象は、顧客や社会の信頼を損なう広告やマーケティングが横行してきたという現実が大きく影響しています。自社の利益や目先のKPI（重要業績指数）の向上に走るあまり、顧客を騙す不誠実なやり方や法律に違反した手法に手を染めてしまう事態におちいってしまうのです。「他社もしているから」、「広告を配信するメディアや広告会社からも指摘されないから」といった業界の慣習もあり、不正なインターネット広告がまん延する事態になりました。

インターネットの世界は技術の発展が著しく、そこで展開される広告も新手の手口が次から次へと生まれ、拡大の一途をたどっています。中でも、顧客に不快な印象を与える「歓迎されざる」広告について、代表的なケースを紹介します（下図表）。

広告やマーケティングへの不信感が高まる中、広告らしさを感じさせることなく受け入れてもらいやすいマーケティングが注目されてきました。たとえば、これまでのように著名な芸能人や一流アスリートを起用した広告ではなく、SNSや動画配信サイトなどデジ

■「歓迎されざる」広告

歓迎されざる広告手法	歓迎されざる広告表現
●ステルスマーケティング	●優良誤認表示
●アフィリエイト広告	●有利誤認表示
●アドフラウド	●誇大広告
●フェイク広告	●No.1 広告（最大級・絶対的表現）
●行動ターゲティング広告	●ジェンダーバイアス
●リターゲティング広告	●差別的表現
●飛ばし裏広告	●おとり広告
●ポップアップ広告　など	●比較広告　など

タルメディアで影響力を有する人々を起用したインフルエンサーマーケティング、そしてブランドのコアファンである一般人を起用したアンバサダーマーケティングへ舵を切る企業が増えています。

日ごろから親近感を抱いているインフルエンサーや一般のファンを代表したアンバサダーが発する情報は、フォロワーに大きな影響を与えます。メッセージが届きにくくなっている若い世代へのアプローチが期待できます。とくに、化粧品や美容、ファッション業界などで、時代の先を行くブランドの多くが、これらのマーケティングを活用する動きを強めています。

しかし、影響力の大きさゆえに、それを悪用するケースも後を絶ちません。インフルエンサーが企業から報酬を受け取っていながら広告と明示せずに、個人の感想や意見であると装うことは、ステルスマーケティング（ステマ）に該当します。発覚すれば、依頼した企業への信頼は低下し、紹介された商品・サービスに対して疑いの念を持つようになった人々が離脱していきます。実際にインフルエンサーマーケティングの主たるフィールドである美容や化粧品の分野では、ステマをめぐるトラブルが相次いでいます。

「好かれる」よりも「嫌われない」がカギに

企業があの手この手でマーケティング目標を達成するために展開するインターネット広告が、かえって顧客を遠ざける結果を招く場合も多いのです。悪質なステマ、どこまでもユーザーを追跡（トラッキング）してくるリターゲティング広告を代表として、さらに「歓迎されざる広告表現」に挙げた「Ｎｏ・１広告」も日本の広告業界では多用されています。自分たちに都合の良い調査をもとに、「お客様満足度Ｎｏ・１」や「ランキング１位」「売上Ｎｏ・１」、さらに「世界初」「業界トップ」などのＮｏ・１表現で自社の優良性を訴求するコピーが日本には溢れています。「当社調べ」といった注意書きで、調査の対象や時期、方法などは小さく表記されていますが、Ｎｏ・１の前提を自分たちの都合の良いように恣意的に限定し、客観的な調査とは言えないような広告も多く存在しているのが実態です。

ここで挙げた手法により、企業は一部のユーザーの行動からコンバージョン（マーケティング目標）の達成は果たせるかもしれません。しかし、その一方でその他多数のユーザーにとって**「歓迎されざる」広告**になってしまっているのでは、長期的に企業に好ましい結果をもたらすことにはなりません。

企業側が一方的に「押しつける」姿勢では、逆に消費者は興《きょう》ざめして、引いてしまう時代です。広告やマーケティングに懐疑的な現代の消費者にとって、うそ偽りのない等身大のリアルな声を信頼する傾向が高まっています。

今日求められる広告は、**従来型の「いかに注目を集めるか」という広告表現よりも、「いかに消費者に嫌われないか」という発想の転換が求められる**のです。とくに、デジタルサービスで言えば、**「いかにオンライン上の顧客体験を妨げないか」**という点が顧客に嫌われないために重要です。

ケース　カネボウ「リップモンスター」
――遊び心と独創性に溢れた〝しかけ〟

コロナ禍真っ只中の2021年5月に発売された口紅「ケイト リップモンスター」。マスク生活でメイクする人が減ったと言われ、中でもマスクで口元が隠されることにより、口紅の売上が激減したと報じられていました。傍から見れば逆風下で投下されたと思える新製品は、発売からわずか4ヶ月で累計出荷数100万本を超える大ヒット作となりました。そこには、綿密な計画と戦略があったのです。リップモンスターのPRを担当する花王の若井麻衣氏は、「（コロナ禍に）本当にリップは求められていないのだろうか？」と固定観念を疑うことからスタートしたと言います。「私たち自身が『マスクをしていてもリップメイクを楽しみたい』と思っていたからです。同じように感じているトレンドに敏感なメイク好きの若者たちがいるだろうと予測し、コロナ禍でもメイクを楽しめるきっかけをつくってあげたいと考えました」というつくり手の思いがありました。

そして「落ちにくい、高発色、保湿」という機能性を持ち合わせ、インパクトのあるネーミングの製品が誕生し、口紅カテゴリーでシェア1位になるのに時間を要しませんでした。「リップモンスター」というネーミングに加え、口紅のカラーバリエーションにも工夫が見られました。色名を表す「レッド」や「ローズ」ではなく「地底探索」「ラスボス」「2：00AM」とだけあり、まったく色が想像できないようになっており、「リップモンスターが棲む世界観」で表現しているということです。SNSでも常に話題になり、ユーザーの心をとらえました（リクルート進学総研HP）。

発売当初はTikTokをプロモーションの主力メディアとし、「TikTokブランドエフェクト」と、インフィード広告を活用し、投稿者自身の口に口紅を塗っているかのような疑似体験ができるオリジナルエフェクトを開発して話題を呼びました。発売時の6日間のキャンペーン期間中、エフェクトに商品のネーミング（テキスト情報）が入る演出を加え、エフェクトを利用した動画は約1600回投稿、その動画総再生回数は460万回、エフェクトの利用体験回数は27万5000回にのぼる、異例の話題創出に成功しました（TikTok for Business HP）。

その後もSNSを中心とした遊び心と独創性に溢れたしかけを次々と施し、話題をつくり続けています。2023年には、「秘密基地」をコンセプトにした没入体験型ECストア「ケイト ゾーン（KATE ZONE）」を公開しています。**一方的にブランドの情報や世界観を発信するのではありません。**最初に誘導された空間で、まずは自分の顔をスキャンして顔印象を分析し、1人ひとりにあったメイクのHow Toが提案されるなど、さまざまな新しいメイクアップ体験が用意されています。**気に入ったアイテムはその場で購入も可能です。**

公式SNS（X）では、#ちょっとだけKATEの話を聞いてほしい、というハッシュタグで紹介され、企業側の熱の入りすぎた内容ではなく、**けっして上から目線でない共感を呼ぶ情報（ストーリー）で見る人の心に響く内容**になっているのも、プロモーションの姿として参考になります。

4-10

離脱要因⑩ 消費者を欺く「ダークパターン」

望まない選択へ誘導される顧客

離脱要因②で触れたように、UI（ユーザーインターフェース）のすぐれたデザインには、**ユーザーに考えさせずに直感的にスムーズに誘導できる**という特徴があります。この背景には、サービスやコンテンツの結果品質での差別化が難しくなっている現代において、ユーザーが**ストレスのない、心地良い「体験」で企業やサービスを選ぶ傾向**が強まっているという点があります。

しかし、この**「考えさせずに誘導する」ことを悪用するケース**もあるのです。

たとえば、読者の方の中には、

「ECで購入したら、いつのまにか定期購入になっていた」

「無料アプリと思っていたが、いつのまにか有料会員になっていた」

「オンラインゲームで、知らない間に課金されていた」

「退会したと思っていたが、継続課金になっていた」

「ECで知らぬ間に有料オプションが選択されていた」

「希望していないのに、メルマガやセール情報が送られてくる」

といった経験のある方も、多いのではないでしょうか。


それは、購入時にデフォルトとして最初から定期購入や有料オプションが選択されていたり、退会や解約時にわかりにくい説明がされていたり、手続きが複雑だったり……など企業側の巧みで卑劣な罠によるものかもしれません。これらは一部の悪質なサイトやアプリで行なわれているのではなく、ともすると私たちが日常的に使用している大手ECサイトやアプリにも存在し、世界的に問題視されています。

このような**ユーザーが気づきにくい形で意図しない不利な意思決定に誘導する手口を「ダークパターン」と呼びます。**

ダークパターンは、企業の利益になるようなことにはさまざまな視覚的要素を利用して誘導し、これとは逆に退会や会員登録をしないなど企業の不利益につながることはその手続きをわかりにくく、目立たなくするなど不利な決定へとユーザーを追い込みます。

信用を一瞬で失うダークパターン

ダークパターンで知らぬ間にネットユーザーの心や行動を欺くことは、不誠実であり、断じて許されるものではありません。しかし、コンバージョン率など目先の数字を追求するばかりにダークパターンに走ってしまう企業が少なくありません。こうした企業の行動は会社そのものの信用を一瞬で落としてしまうことになります。

顧客にとっては慣れ親しんだサイトやアプリであっても（そうであればこそ）、**「騙された」という強い憤りを感じ、怒りや不満をともなって去っていきます。**実際に、サブスクやECサイトをこうした理由で離脱していく顧客は増えています。

せっかく、知覚品質や知覚価値が高く、顧客満足度が高かったとしても、ダークパターン1つでこれまで積み上げてきたロイヤルティや信用度はもろくも崩れ、顧客生涯価値（LTV）は低下を余儀なくされてしまうのです。

顧客を欺くダークパターンの手口

世界の市場で競争力を有する大手ECサイトや人気オンラインゲームをめぐり、欧米を中心に法規制が進んでいますが、国内の対応は遅れているのが現状です。
東京工業大学の調査では、国内で配信されているショッピングやSNS、音楽、ゲームなどの人気アプリ200個のうち、9割を超す93・5%のアプリにダークパターンが採用されていることがあきらかになりました（読売新聞オンライン、2023年7月30日）。調査をした日本のアプリのうち63・5%で3種類以上のダークパターンの手法が用いられていました。

【国内人気アプリにおけるダークパターン】（東京工業大学調べ）

- **事前選択**（55%）：勝手に定期購入が選択されている
- **繰り返し**（43%）：何度も広告が表示される
- **翻弄**（16%）：偽のカウントダウンなどで購入を急がせる

筆者のオンライン上の体験を振り返っても、この3つのパターンはこれまで頻繁に遭遇してきました。カウントダウンタイマーで特別オファー価格（これ自体も多くの場合、存在しない）の有効な時間が表示されて購入をせかされたり、「在庫○個限り！」や「残りわずか」のようなメッセージにより、「今買わなくては」という緊急性を感じさせ、正常な意思決

■ダークパターンの手法

種類	具体的な手口
こっそり（Sneaking）	• こっそりカゴに入れる
	• 隠れたコスト
	• 隠れた定期購入（サブスク）
緊急（Urgency）	• カウントダウンタイマー
	• 期間限定メッセージ
誘導（Misdirection）	• 羞恥心や罪悪感に働きかける
	• 視覚的妨害
	• トリック質問
	• アップセルやクロスセルのデフォルト
社会的証明（ Social Proof）	• 他のユーザーの閲覧、購入数を表示
	• 出所不明の顧客の声や推奨
希少性（Scarcity）	• 在庫僅少メッセージ
	• まもなく完売など、売れているメッセージ
妨害（Obstruction）	• キャンセルや退会の手続きを複雑化
強制（Forced Action）	• 強制登録のチェックボックス

出典：Mathur, et. al.（2019）筆者訳

定を損なおうとするダークパターンは日常的に目にします。こうしたユーザーを欺いた手法は厳しく制限がなされるべきでしょう。

これまでもリアルのビジネスでも、スーパーマーケットなど小売の現場を中心に消費者心理を巧みに利用した価格設定や売り場づくりなどがなされてきましたが、デジタルの世界では、リアルのビジネス以上にそれを巧妙にしかけることが容易になり被害が拡大しています。

プリンストン大学のアルネシュ・マトゥール氏らは、ダークパターンの手法を上の図表に示した7つに分類しています。

ここで挙げられたようなダークパターンは消費者をいつの間にか不利な取引へ誘導するものとして、インターネット黎明期から問題視されてきました。しかし、現代でも解決にいたっておらず、eコマースを筆頭に、SNSや動画共有サイトなど各種ソーシャルメディアで複数の種類の操作的なトリックや罠によって消費者を欺いています。

そして結果的に、**騙されたという消費者の思いが「離脱」につながっていくのです。**

買い手に有利な商いが長寿をもたらす

売り手も買い手も、ともに利益を上げなければ、商売としては不全です。古今東西、世間や顧客からの信用や信頼の獲得なくして、事業の継続は許されません。日本の老舗企業としてよく知られている企業の社訓の特徴について、大友純氏（明治大学元教授）は「一様に儲け第一主義を嫌い、何よりも顧客の消費価値創造につながるような製品を製造すること、そのための独創性や革新性を重視すること、そしてそうした製品を卸したり販売したりすることを自らの事業の骨格とすることが明記されています」と指摘しています。

老舗企業とは100年、200年、あるいはそれ以上の期間において、何代にもわたって世間に貢献してきた商家です。こうした老舗企業に残る社訓の多くは、初代から3代目あたりまでに制定されたもので、当時の当主たちが後継者への伝承目的で遺したものがほとんどであると言います。社訓の成立から100年、200年、さらには300年以上も経過した今でも、老舗企業においては、日々のビジネスの倫理的な規範として、強い存在感を放っているのです。

こうした商家に幼くして奉公に入った子供たちは、商人として商いの技術の習得に励むと同時に、商人として、人間として大切な道徳や倫理観を長い年月をかけて修得していくことになります。こうして、守るべき商業倫理を培い、それが継承されていきます。このようにして、目先の損得にとらわれて不実な商いや行為に走ることを戒め、買い手に有利になるような誠実な商いが繰り返されてきました。老舗企業や江戸時代の商人から、現代のビジネスに通じる叡智を読み取ることができます。

ケース 三井住友銀行
――人間中心設計（HCD）で顧客に寄り添ったデザイン開発[6]

金融業界では、いちはやく三井住友銀行が専門のUXデザイナーを採用して話題になりました。銀行にデザイナーを採用するというのは、一見意外性がありますが、銀行のサービスは年代含め多様な利用者が存在します。そのため、どの利用者においても違和感なくスムーズで安心・安全に利用できる統一化したUI・UXが求められます。

そこで、**人間中心設計（HCD）**のプロセスが導入されました。

まず、顧客の現状を知るために調査をして、仮説を立て、ユーザーモデリングをし、プロトタイプをつくって大規模なユーザーテストで検証・学習というプロセスが繰り返されました。ユーザビリティのテストでは、目標までたどり着けたユーザーや途中で脱落してしまったユーザーはどれくらいいるかを中心に評価し、画面構成ごとの評価も行なうことで課題を特定し改善につなげています。

アプリのリニューアルにともないコーポレートサイトもリニューアルし、ばらつきのあるクリエイティブ品質や、目的にたどり着きにくいナビゲーション、多すぎる情報量や不必要な情報・ページ、動線の悪さなどが見直されました。金融というサービスの特性上、細かな注釈が多く情報量が多くなりがちです。ユーザーの視認性を高めるために、リニューアルでは文字量や読み取り順序を大幅に見直し、図表での理解を促すなどの工夫が施されました。金融に限らず、サイトやアプリでは増えがちになる文字量を極力削減して、視認性を向上させることは、途中離脱を防ぐためには有効です。

また、色覚障がいを持つユーザーを想定した、色だけで情報を伝えずに文字や形、配置などで情報を伝える工夫をするなど、誰にとってもやさしいUIが導入されました。

6　本ケースの内容は、金澤ほか（2022）に依拠し、特徴を整理しています。

さらに、同社のリニューアルでは、キャンペーン情報を「押し売りしない」デザインに変更されました。ユーザーテストでプロモーション用バナーへの拒否反応が強かったことが判明し、誤タップを誘うようなデザインではなく、さりげないテキストやカード型のリンクなどで広告色を抑えた変更がされるなど随所に顧客への配慮が見られます。

２０１９年にリリースしたスマホアプリは、２０２１年度、グッドデザイン賞（主催：公益財団法人日本デザイン振興会）を受賞しました。

第5章

顧客維持戦略を強化する3大鉄則

——デジタルサービスの成否を分ける分岐点——

5-1

顧客づくりより、ファンづくり

物価が上がり、毎月の支出額が増える中、消費者はサブスクやECなどのデジタルサービスを選別する傾向を強めています。新型コロナ禍の巣ごもり消費で急成長したデジタルサービスですが、ここにきて顧客数の純減に転じる企業が少なくありません。

成否を分ける分岐点は何か、ここでは顧客の離脱を防ぐ顧客維持戦略の重要なポイントを見ていきます。

マーケターに求められる目線

マーケティングの目的は、最終的には製品やサービスの魅力を高めて市場シェアや売上を高めていくことです。しかし、その真のミッションは、自社を愛してくれるファンをつくることです。単に知名度を高めて売上を最大化することでも、競合企業とシェアの奪い合いに明け暮れることでもないのです。**愚直に顧客満足を追求して、自社の製品やサービ**

スを支持してくれる、応援してくれる「ファン」を1人でも多く獲得・育成することにあります。

ところが、多くのマーケターが目の前の数字ばかりを追いかけ、当面のKPIをいかに達成するかに注力してしまうのが現状です。もちろん、数字は大事です。しかし、データ偏重になり、多くの組織で顧客不在が問題になっています。数字の背後に何が起きているのか、とりわけマーケターは、顧客やファンの意識や行動の変化に注目して、その実態を正確に把握しなければなりません。

ファンの特徴は「顧客エンゲージメント」の高さ

そもそも「ファン」とは、どういう人たちを指すのでしょうか？

「ファン」は英語のファナティック（fanatic）を語源とします。「熱狂的な」を意味することの言葉から、ファンとは「ある特定の主体に愛情を持って熱烈に支持する人」という意味で用いられます。アスリートやアーティスト、俳優でも、ファンの存在は欠かせません。企業が提供する製品・ブランドやサービス、コンテンツでもその重要性は変わりません。

ファンが示す愛情表現の仕方や程度は1人ひとり異なります。ファン同士で集まって、目に見える形で応援するファンもいれば、秘めた思いを持ちながら1人静かに応援するファンもいます。

〝顧客〟と比べて、〝ファン〟には「応援したい」という気持ちの強さが見られ、ファンは「顧客エンゲージメント」が高いという点が指摘できます。エンゲージメントとは、もともと「約束、契約、婚約」を意味する用語です。ここから、**顧客エンゲージメントとは、企業やブランドに対する信頼度や愛着など「好意的な感情」の度合いを意味します。**

高い顧客エンゲージメントを持ち合わせるファンは、企業やブランドそれ自体に価値を見いだします。「この○○を応援し続けたい」「○○を使い続けたい」といった感情を企業やブランドに抱き、次に列挙するような多くのメリットを企業にもたらしてくれます。

【ファンの存在がもたらす主な便益】

- 購買理由を価格（安さ）に求めない **（価格競争の回避）**
- 継続して商品やサービスを利用してくれる **（安定的な売上の確保）**
- 企業やブランドへ建設的な意見を寄せてくれる **（好意的なフィードバックの発生）**
- ポジティブな口コミを発信してくれる **（好ましいUGCの発生）**
- 他の人に商品やサービスを推奨してくれる **（推奨行動の促進）**
- 熱量の高いファンがファンを育成してくれる **（ファンの育成）**

企業経営にとって「ファンづくり」は古くて新しいテーマです。自社のサービスや商品を利用してくれる**「顧客」ではなく、自社のサービスに愛着を持つ「ファン」をいかに育成するか、これが今日求められるマーケティングの役割です。**

これまでは、多くの企業が、とりあえずサービスを利用してもらうことに照準を定め、そのためのマーケティングへの投資を優先してきました。そこでは**CPA（顧客獲得単価）の数値を低くした、無駄のない効率的なプロモーションが重視されてきました。このような販売や契約までをゴールとしたマーケティングがついに終わりを迎えています。**巨額の広告費を使っても新規顧客の獲得に期待通りの成果が得られなかったり、成果が得られたとしても、損益分岐点を下回る経営状況に置かれるケースがここ数年で増えています。

サービスが選別されて淘汰されることは今に始まったことではありませんが、タイパやコスパを重んじる現代人を振り向かせて、「使い続けたい気持ち」をつくり出すことは容易ではありません。

そこでカギをにぎるのが「ファン化」です。これからの時代、企業の成長にますます欠かすことができないのが「ファン」の存在であり、**ファンとの良好な関係を構築する「ファン化」に成功することではじめて、新規顧客が離脱する「バケツの穴」を小さくするこ**

とができるのです。

異彩を放つ、クラシコムのファンづくり

本業はインテリア雑貨やアパレルなどを取り扱う「ＥＣ企業」ですが、オリジナルドラマから劇場映画、アニメーション、さらにはラジオやポッドキャスト、コラム・動画配信など、あらゆるメディアでコンテンツ制作・配信を手掛ける企業があります。「北欧、暮らしの道具店」というＥＣサイトを手掛けるクラシコムです。ここ最近、メディアに登場する機会も増えているので、ご存知の読者の方も多いことと思います。

扱う商品は北欧のものに限らず、日本を含めた世界中の商品をセレクト販売するとともに、オリジナルブランドの開発・販売を手掛けています。

クラシコムのＹｏｕＴｕｂｅの公式サイトには、５６０本を超える動画が配信されており、58万人のユーザーがチャンネル登録し、動画の総再生回数は1億回を超えています（２０２３年12月）。オリジナルドラマには、あらゆる人の日々の暮らしに寄り添った心地いい世界観を表現した動画が溢れ、視聴回数が１００万回、２００万回を超える動画も少なくありません。初制作したオリジナルドラマは好評を得て、映画化までされています。

同社の社員で、義理の姉妹２人でおくるインターネットラジオは〝お風呂につかりなが

ら、のんびりとおしゃべりをする〟というコンセプトのもと、2人の日常を切り取ったトークが展開されます。累計再生は120万回を超え、公開収録イベントを行なうほど人気を集めています。

YouTubeもラジオもECサイトもすべてのチャネルで伝えるのは、「特別な成功体験がなくても、高級なレストランで食事をしなくても、心地良く休日を過ごしたり、無理をしないお金の使い方ができたり、自分らしくいられる住まいやコミュニティーがあることが人生を豊かにすることを伝えたい」という思いであることを、ラジオにも出演する1人である同社取締役の佐藤友子氏は話します（日経WOMAN、2023年1月号）。

一見したところ、さまざまな事業を行なっているようで、実はこれらの事業はクラシコムがミッションとして掲げる「フィットする暮らし、作ろう。」を実現するために行なわれていることがわかります。クラシコムは自らを「コンテンツ・パブリッシャー」と称し、その目的を「さまざまなコンテンツを多様なチャネルで発信することで、お客様との接点を増やし、愛着を深め、エンゲージメントを増やすこと」としています。

単体の商品やコンテンツで顧客とつながるのではなく、同社が掲げる**世界観（ライフカルチャー）で顧客とつながる**ためにEC販売だけにとどまらない事業を展開し、クラシコムが提案する世界観に共感するファンの獲得に成功しています。

さまざまなメディアを活用し、自分たちでコンテンツをつくり、独自の世界観を発信する中でファンをつくり上げる同社の手法は、これまでのマーケティングの常識を覆すもので、新たな成功パターンと言えます。頻度の高いコンテンツ提供により、関心の醸成やリテンション動機を提供し、会員数、購入者数ともに右肩上がりの成長を続け、16期連続で増収・増益を達成しています。そして、2022年8月には、東証グロース市場に上場しています。

クラシコムに見る、**広告に頼らない、新しい世界観の発信とファン育成の手法**がリテンションマーケティングの1つのカギをにぎる取組みとして注目されています。

コンテンツマーケティングでファンづくり

「ファンをつくる」と口で言うのはたやすくても、それを実行するのは容易ではありません。ソーシャルメディアがこれほど発達した現代において、自社が発信する情報に振り向かせることは決して簡単ではありません。とくに、製品やサービスを「売り込む」ためにつくられた広告の効果は限定的なものになりました。これに代わって、**生活者や顧客にとって何らかの価値や魅力のあるコンテンツを配信**することの重要性がクラシコムなどの成功から読み取れます。

情報の受け手にとって真に有益なコンテンツを配信することで、自社の世界観を広く発信したり、それに共感するファンを育成するマーケティングを「**コンテンツマーケティング**」と呼びます。

GoProの卓越したコンテンツマーケティング

カメラ付き携帯電話が発売された2000年以降、カメラはスマートフォンに取って代わられ、デジカメや一眼レフの需要が低迷しました。こうしたカメラ業界にあって、ウェアラブルカメラ（アクションカメラ）という新しいジャンルを確立した先駆けの企業が米GoProです。

GoProは**ソーシャルメディアとUGCを存分に活用したコンテンツマーケティング**を駆使して、世界中にコアなファンを持つ企業に成長しました。GoProの公式YouTubeには、1100万人のユーザーがチャンネル登録し、総再生回数は35億回を超えています（2023年11月）。YouTubeにおける企業チャンネルの成功事例として知られています。

ユーザーの迫力満載な体験動画が、GoProの人気の原動力になっています。公式チャンネルだけでなく、GoProをタイトルに入れたり、タグづけした大量の動画が連日、

ＹｏｕＴｕｂｅやＳＮＳにアップされています。

ユーザー1人ひとりのさまざまな「感動体験」がアップされているので、見ている人に興奮を与えます。ファンが制作したコンテンツに、他のファンや一般の視聴者から熱いまなざしが向けられます。まさに、**ファンがファンを惹きつける成功事例**です。つくられた世界ではなく、ありのままの世界がそこにはあり、従来のカメラが思い出を残すための手段であるならば、感動を残して伝えるための手段という、新しいコンセプトの開発と浸透に成功した事例です。

さまざまなシチュエーションにおいて、ありのままの感動体験を撮影するために、耐久性や防水性にすぐれた設計を採用して、あらゆる場所への設置を可能にしました。これによって、これまで見たことのないシーンやアングルの映像を撮影することを可能にしました。

また、ユーザーがＧｏＰｒｏ製品を使いたくなる、動画を共有したくなる巧みなしかけをいくつも施しています。その1つがＧｏＰｒｏ Ａｗａｒｄｓで、ＧｏＰｒｏで撮影した写真やビデオを応募し、選出されて受賞すると作品が全世界に公開され、賞金と名誉を獲得できる制度です。さらに、誰もが編集・シェアをできるようにするための工夫にも余念がありません。ＧｏＰｒｏが提供する動画編集アプリＧｏＰｒｏ Ｑｕｉｋでは、ユーザーが撮影したベストショットを選択し、音楽とシンクロしてシネマティックなトランジションを自動で選択・作成するとともに、容易にシェアすることを可能にしています。

同社の成功から、ファンの獲得と育成には、次のようなサービスの提供が肝要であることがわかります。

■ Wow! をともなう感動体験
■ (公式やファンの手によって)頻繁にコンテンツが更新される
■ ファンがファンを呼び込む仕組み

実際に、ファンづくりに成功している企業の例を紹介していきます。ここでは、次の順番で紹介をしていきます。

■ 感動と興奮を分かち合うファンづくり ➡ レッドブル
■ ブランドを知り尽くしたファンから学ぶ ➡ SONY
■ ファンがサービスそのものの価値を高める ➡ ウェザーニュース
■ コアなファンをつくる ➡ スノーピーク、ヤッホーブルーイング
■ ファンがファンを広げるアンバサダー化 ➡ 日本航空、ワークマン
■ ファン同士がつながるファンコミュニティ ➡ アマゾン(AWS)

レッドブルに見る感動と興奮を分かち合うファンづくり

「スポーツマーケティングの雄」として、エナジードリンクという新たなカテゴリーをつくり、熱量の高いファンを世界中に有するレッドブル。同社がスポンサーになるのは、サッカーや野球、ラグビーなどメジャーなスポーツではなく、観たことも聞いたこともないようなスポーツであることは、皆さんよくご存知でしょう。とりわけ、極端な状況下において過激な要素を併せ持った「エクストリームスポーツ」と長期的に深くかかわり、マイナーな競技のアスリートやファンと歩みをともにする中でブランド価値を高めていく戦略を採用しています。

レッドブルの「翼をさずける」というブランドスローガンには、「消費者がレッドブル・ブランドに背中を押されて、それぞれの目標を達成したり、夢に一歩近づいたりすること」（レッドブル元CMO長田新子氏）を意味しています。**イベント自体がどれもエクストリームでオリジナリティが高く、そして「翼をさずける」という共通のメッセージに根差していたことが、まったくタイプの違う多様なイベントを運営しながら一貫したブランドを感じさせる最大の要因**になっているのです。

元CMOの長田氏は、「イベントに参加した人はもちろん、アスリートもスタッフも皆がレッドブルワールドを楽しみ、一体になれるように心がけることを徹底した。『翼をさずける』ということが選手にも、そこに集まった観客やスタッフにとっても共通のゴールとなり、一体感を創出する」とコメントしています。このようなイベントとブランディングを通して、「レッドブル」を飲んだことがない人も巻き込んだ「ファンづくり」に成功しています。

顧客は教えてくれないが、ファンは教えてくれる

企業は自社が提供する商品やサービスだけでなく、企業自体のファンを獲得していくことが大切です。**コアなファンを育成するとともに、ファンが新たなファンを生み出すコミュニティとしての場を用意することが継続的な取引の実現に重要な役割を果たすようになりました。**

企業の商品やサービスに強い愛着や共感を持つファン同士、あるいはファンと企業が交流する場が「**ファンコミュニティ**」です。ファンコミュニティで熱狂的なファンを獲得・育成することで結果的にサービスやブランドの魅力を高めることにつながり、すでに多くの企業がマーケティングの重要施策として取り入れています。

ファンコミュニティにおいて、ファンはさまざまな意見を発信してくれます。企業にと

っては、自社のサービスや商品を利用し続けてくれているファンから直接フィードバックを聞ける機会はとても貴重です。ファンコミュニティで獲得できるファンからの意見や要望は、これまでのようなお客様相談室やSNS、口コミサイトに寄せられるクレームや意見とは異なります。

ファンコミュニティに集う人たちの目的は批判することではありません。もちろん、ときに厳しい意見やクレームを発する場合もありますが、愛用者ゆえに抱える悩みや長年使い続けている中での気づきなど、愛着を持った建設的な意見が多く、企業にはかけがえのない情報が入手できます。

企業にとって重要なのは、こうした場で顧客に**たくさんの〝無難ではない質問〟をすること**です。クレイトン・クリステンセンらは著書『イノベーションのDNA』の中で「質問は創造的な洞察を生み出す可能性を秘めている」と言い、「イノベーターは『今どうなのか』(現状)と『これからどうなるのか』(可能性)について理解を深めるために、たくさんの質問をする。無難な質問は捨て置いて、型破りの質問をする」と書いています。

ファンを代表するアンバサダーと開発者の交流を重視してきた企業の1つにSONYが挙げられます。アンバサダーは、著名人を起用する場合と、コアなファンを起用するパターンに大別できますが、**最近は、ブランドを知り尽くした熱烈なファンをアンバサダーに**

認定するケースが増えています。ＳＯＮＹの「Ｘｐｅｒｉａ」もその一例です。同社のファンコミュニティの運営に携わる笹谷尚弘氏（ソニーモバイルコミュニケーションズ、現・ソニーマーケティング）は、ファンからの意見を次のようにとらえています。

「アンバサダーはＸｐｅｒｉａについて真剣に考えてくださっている方々です。もっとこうしたらいいのに、というポジティブな意見が圧倒的です。厳しいご意見もいただきますが、それは改善のための意見ですので、開発者には心に刺さります。そこまで使いこんでもらい本当にありがたいと感じますし、厳しい意見に対しても感謝の気持ちが生まれます。」（宣伝会議アドタイＨＰ）

コミュニティに参加するファンにも、アンバサダーにも、金銭的な報酬は発生しません。あくまで自発的な参加で、そこでの感想や意見には遠慮も忖度もありません。**熱心なファンの率直な意見・感想が、サービスや機能の改善、ブランド力を磨く原動力になるのです。**

ファンがサービスの価値を高める

無料で見ることがあたりまえだった天気予報をビジネスとして、年間２００億円を稼ぐ企業があります。民間の気象情報会社としては世界最大級と言われるウェザーニューズです。気象情報アプリ「ウェザーニュース」は累計3500万ダウンロード、YouTubeのチャンネル登録者は110万人を突破しています（2024年1月）。個人向けの有料会員サービス（月額330円）に加え、天気がビジネスに影響するさまざまな業界・企業に対して、詳細な気象情報を提供する法人向けサービスも成長を遂げています。

同社の気象サービスの人気を支えているのは、予測精度の高さにあります。予測精度を高めるには、データの多さが決め手になります。ウェザーニュースアプリを通じて、ユーザーから寄せられる天気報告は1日なんと約18万通にのぼります。ユーザーが撮影した空の様子が集まれば集まるほど正確な実況把握につながり、しいては予報の精度が向上するのです（ウェザーニュースHP）。

さらに、同社のファンベースの取組みも注目されます。YouTubeで24時間生配信している「ウェザーニュースLiVE」には、登録者が100万人を超えていることからもわかるように、幅広い視聴者を呼び込むことに成功しています。番組の人気を支えているのが、**ファンと一緒に番組をつくっている姿勢**にあります。

番組中、ファン（視聴者）は自由にチャットからコメントを送ることができ、気象予報士兼キャスターがリアルタイムでファンからのコメントを取り上げながら、番組は進んでいきます。これが番組を盛り上げる大きなポイントになっています。番組の一部をコアなファンが切り抜いて投稿する「切り抜き動画」も続々と生まれ、これがファンのすそ野を広げる一因になっています。ファンマーケティングの成功例として、同社の取組みは注目されます。

コアなファン層を広げる取組み

顧客を「ファン化」する取組みに成功している企業の多くは、**社員とファンが一堂に集い交流する場をオンラインやリアルで設けています。**

その先駆けとして知られるのがアウトドア用品を手掛けるスノーピークです。新潟県三条市に本社を置くスノーピークは、「スノーピーカー」と呼ばれる熱心なファンに支えられています。同社の社員とファンが一緒に泊りがけでキャンプを楽しむイベント（Snow Peak Way）を定期的に開催しており、コアなファンと会社の距離が近づくきっかけになっています。1998年から毎年回を重ね、2023年では全国12会場、18回にわたって開催されています（Snow Peak HP）。キャンプイベントはファンの声を聞き取る場ともなり、実際に製品化に直結するケースもあると言います。

クラフトビール製造のヤッホーブルーイングは、「日本一ファンの方々に愛される企業」を目指し、フェス感覚の「よなよなエールの超宴」や「大人の醸造所見学ツアー」など大小さまざまなイベントを開催しています。近年では「ファンによるファンのためのイベント」が開催されるほど、熱量の高いファンに支持されています。

「ファン宴」と名づけられたファン同士のイベントは、参加者も運営側もすべてヤッホーファン。会場にはヤッホーブルーイングのラベルデザインがモチーフになった飾り切れないほどのグッズ（ファンの手づくり）が並ぶ中でファン同士の熱い語りやクイズ大会、ゲストとして招いた同社社員へのプレゼントなど、同社愛に満ち溢れたイベントが行なわれました。このイベントがなぜ開催されたのかについて、運営メンバーの1人は、「ヤッホーブルーイングの美味しい個性的なビールはもちろんのこと、ファンを楽しませようとする会社の姿勢が好き！」と言います（「ビール女子」HP）。

コアなファンをアンバサダーに任命

近年では、ユーザーが相互コミュニケーションできる場を設ける企業も増えています。日本航空は2019年よりオンラインのコミュニティサイトを立ち上げ、そこではファンが発信するUGCに溢れ、ファン同士が交流できる場を用意しています。公式HPとは異なるファンの心に刺さるコンテンツの発信やリアルの場でファンと社員が出会えるイベントや座談会などの開催に力を入れています。そして、投稿やコメントを積極的に行なうファンをアンバサダーに任命する制度を導入しており、ファンコミュニティの活性化に役立てています。

ファンをアンバサダーに任命する取組みで一際有名なのが、作業服製造のワークマンです。同社の快進撃を支えたのが、独自のアンバサダー制度です。アンバサダーとは本来、「大使」や「使節」「代表」といった意味があります。これがビジネスシーンでは、「企業や自治体などの組織から任命され、組織に関する情報発信やメディア露出などの広報活動を行なう人」を意味します。ワークマンは、SNSや動画配信サイトでワークマン製品を着用して発信している人や製品のレビューをしている人を探して、公式アンバサダーに認定し、HPで広く紹介するなどファンコミュニティの活性化を図っています（ワークマンHP）。

クラウドサービス躍進の原動力となったファンコミュニティ

ファンコミュニティで参考になる事例が、クラウドサービスの世界最大手、米アマゾン・ウェブ・サービス（AWS）です。AWSのユーザーグループは世界中にあり、国や地域を超えた交流が活発に行なわれています。日本では、JAWS-UGの名称で、AWSが提供するクラウドコンピューティングを利用する人々のコミュニティがあり、勉強会の開催や交流イベントなどが行なわれています。

コミュニティが発足した２０１０年当時は、クラウドというワードが認知され始めた時期で、その実態や将来性は広くは知られていませんでした。ＡＷＳの日本法人に在籍していた小島英揮さんによると、「当時のＡＷＳユーザーは英語のドキュメントを読みながら手探りで利用を始めていたという人がほとんどでした。（中略）。コミュニティでみんなが経験したことやティップス（ちょっとしたコツやテクニック）などをどんどん日本語でアウトプットして検索できるようにしよう」という目的でコミュニティは立ち上がりました。（小島、２０１９）。

ＡＷＳのコミュニティは、日本全国に「支部」の形でグループを持ち、エリア別の支部は北海道から沖縄まで44支部、目的別（ビッグデータ、ＡＩ、ＩｏＴ、初心者……など）には21支部が存在し、それぞれのテーマに基づいた活動が発足から10数年が経過した現在でも活発に行なわれています（２０２３年9月現在、ＪＡＷＳ-ＵＧ ＨＰ）。支部の立ち上げや運営スタッフ、そして各イベントのスピーカーなどすべてをファンが担っています。

ＡＷＳのコミュニティには1万人以上のファンが参加し（日経産業新聞、２０１９年7月31日）、ファンコミュニティから機能改善や拡張といった要望がＡＷＳに寄せられて新たなサービスや機能を生み出すことにつながっています。ＡＷＳのライバルであるマイクロソフトやグーグルにもこうしたファンコミュニティは存在しますが、その規模はとてもＡＷＳのコミュニティに及ばず、クラウドサービスの競争力の差に表れています。

コミュニティが自走し、ＡＷＳに興味を持つ人々や企業が増えると、実際に利用者や利用企業が増えるという好循環が生まれます。実際に、ここ数年だけでもＩＢＭ、富士通、ＮＥＣ、ＮＴＴデータなどの有力ＩＴ企業が続々とＡＷＳと戦略的協業契約を締結しています。

現代のビジネスにおいて、クラウドサービスの利用は不可欠になりつつあります。ＡＷＳのファンコミュニティが、サービスそのものの躍進の原動力になっており、ファンコミュニティの重要性を痛感します。

ゲーミフィケーションでコアなファンを可視化する

「食べたステーキの量が肉マイレージに！」

これは、ペッパーフードサービスが運営する「いきなり！　ステーキ」の顧客サービスです。利用客が食べた肉の量（グラム数）がそのままポイントとなり、その累積に応じて、ランクがアップします。ホワイトからダイヤモンドまでの5段階のランクにおいて、ランクが上がるほどお得な特典が付与されます。

さらに、面白い仕組みとして、ゲーミフィケーションを取り入れています。同社のＨＰでは、「肉マイレージランキング」を発表しており、総合、月間、重量級別にトップ３００人の氏名と肉マイレージが公表されています。上位１位から３００位までのランキングを掲載するといったゲーム性を加味することによって、コアなファン層が可視化されます（いきなり！　ステーキＨＰ）。

これによって、ライトなファンにもコアなファンにも、また店舗に足を運ぼうという気持ちをつくり出しています。ちなみに、この食べた量でランキングするという手法は、一度、食事回数に応じたランキングに改定されましたが、ファンから不満の声が続出し、従来通りの食べた量（グラム数）でのランクアップを復活させたという経緯があります。それだけ、ファンに支持されているシステムと言えます。

同社の顧客サービスは、コアなファンづくりの仕組みと、ファンを可視化するための取組みとして参考になる事例です。

コアなファンを育成・活用していく取組みは、さまざまな業界で広がりを見せていますが、ここで紹介した企業の取組みは一歩先を行っています。

5-2

顧客と生活者の解像度を高める

顧客のことは知っているようで知らない

顧客への理解は、マーケティングの土台をなすものです。しかしながら、第2章で述べたように、企業は顧客のことを知っているようで実は知らないことが多いのです。これを見誤ると、適切でないマーケティング戦略に大量のコストを投入することになりかねません。いかなるビジネスにおいても、効果的なマーケティング戦略を実行するには、顧客行動の理解に加え、行動を導く心理的側面の洞察が欠かせません。

顧客のことをわかっているつもりでも、ともすれば売上や市場シェアにとらわれて、顧客の存在を忘れてしまうことが多々あります。**顧客を無視したビジネスは、結果としてファンが育たず、顧客離れを引き起こす結果になる**ことはいつの時代も自明のことです。

マーケティングにおいては、「顧客を知る」ことが第一歩です。顧客を知ることができてこそ、ニーズと提供サービスのミスマッチなどの機会損失を防ぐとともに、顧客への適合確率を高められます。これに向けて、マーケティングではさまざまな調査技法や高度な解析技法が開発されてきました。

しかし、現代はＶＵＣＡの時代[7]と形容される、先行き不透明な時代です。令和に入り、あまりにも予想外の出来事が重なったことで、ビジネスを取り巻く環境は一変しました。変化の渦中にいると、なかなか気づくことはできませんが、生活者の行動や価値観は確実に大きく変化しています。

さらには、デジタル技術やＳＮＳの発達などで、**消費のスタイルは多様化し、企業が「顧客の真の姿」をとらえることはますます難しくなっている**のです。これまで企業が知っていた顧客の姿と現在の姿は、劇的に変わっているかもしれません。

顧客の可視化を高める

近年ではデジタルを活用した「顧客分析」によって、これまで見えなかった、知ることができなかった顧客の姿が可視化できるようになりました。顧客や市場の不透明感が強い中で、少しでも見通しを高めるべく洞察力を強化していくマーケティングが強く求められます。ビッグデータやＡＩ、デジタル技術は企業のリサーチ能力を飛躍的に向上させています。

顧客理解はネットサービスが先行してきました。ご承知の通り、アマゾンをはじめとするEC企業は、顧客1人ひとりの購買実績をもとに**「顧客1人ひとりの好みを把握」し、それに合った商品を推薦することで成長**してきました。すなわち、AIを用いたレコメンドの精度がサービスの魅力を高めてきました。これを世界的規模で展開し、世界中の顧客データを保有するアマゾンに競り勝つのは至難の業です。動画配信や音楽配信でも同様で、先行する企業との差を縮めることは並大抵ではありません。

また、実店舗を有する小売業は、デジタル活用の顧客理解という点ではデジタル企業に遅れを取ってきました。それは、さまざまな履歴データが集まるネットの世界とは異なり、実店舗でデータを集めるのは、その種類も量も限界があったことが理由です。そのため、これまで顧客志向を標榜しながらも、顧客が実際に何を望んでいるのか、真の顧客ニーズを理解するまでにはいたっていませんでした。しかし、デジタル技術の進展を背景に、ここ数年で日本の小売業でも来店客の属性や購買行動の分析に乗り出し、顧客理解に向けた取組みを加速する企業が増えています。

---

7 VUCA……不確実性が高く、先行きが見通せない混沌の時代を示す用語。Volatility（変わりやすさ）、Uncertainty（不確定性）、Complexity（複雑性）、Ambiguity（曖昧さ）の4つの頭文字をとった造語。

ＡＩカメラで顧客解像度を高める

近年、ＡＩカメラを用いた顧客分析が来店客の顧客理解に威力を発揮しています。天井に設置された百台を超えるカメラが来店した顧客を特定し、店内での行動をくまなく観察・追跡します。顧客が棚から手にした商品を瞬時に画像認識技術で識別して、その情報をアプリ内のＩＤとひもづけます。カメラと棚に設置した複数のセンサーを組み合わせて顧客の行動と動線を追跡するセンサ・フュージョンによって、その精度を高めます。

ここ数年間にわたり、リバイバルプランとして構造改革に着手してきたイオンリテールは、改革の1つの目玉としてＡＩカメラを設置し、来店客の属性や動線を分析・学習するシステムを導入して接客などサービス品質を高める取組みを本格化させています。同社がスマートリテールの旗艦店として強化するイオンスタイル川口店では、来店客の売場での動線や各売場での立ち寄り時間、手を伸ばした商品棚の情報などを自動的に収集し「ヒートマップ」で表示・分析することによって、商品棚のレイアウトや品ぞろえ自体の改善につなげています（日経ＭＪ、2021年6月2日）。

ほかにも、日本の小売業でデジタルを用いた顧客分析をリードするトライアルカンパニーやホームセンター最大手のカインズ、さらには西武百貨店などさまざまな業態でＡＩカメラやセンサー、ビーコンなどの技術を活用した独自の顧客分析が進められています。

「体験型」で顧客のリアルな姿に接近する

小売業がこれまで蓄積してきたデータは「いつ、誰が、何を、いくらで買ったか」という「結果（販売実績データ）」だけでした。ところがAIカメラやセンサーなどの技術を通して、入店してから退店するまでの「買い物体験（購買プロセスデータ）」を可視化することが可能になったことで、顧客の真の姿やニーズに迫ること、すなわち顧客の解像度を高めることができるようになったのです。

リアルな買い物行動の観察を通して、データの背後にある因果関係の発見など重要な示唆を得ることも期待できます。これからのマーケティングは、詳細な顧客情報を蓄積し、そのデータの分析を通した解釈・想像力がますます求められるようになっていきます。

リアル店舗のビジネスが厳しい局面を迎える昨今、**売ることを主目的にしない「体験型ストア」**が注目されています。158ページでも紹介したその先駆けである米スタートアップの「b8ta（ベータ）」は商品展示ブースをメーカーに月額で貸し出しています。有名な企業の製品からD2Cブランドなどネットを主戦場とするブランド、さらにはスタートアップ企業で生まれたばかりのβ（ベータ）テスト中の製品まで最先端の製品やブランドが並びます。こうした製品に利用者が直接触れられる機会を提供し、天井などに据えつけたカメラなどやスタッフを介して、ネットでは拾えない消費者のリアルな行動や声をデータとして取得しています。

顧客理解を阻む壁

顧客離脱を防止するカギは、顧客を深く理解したうえで、きめ細かい顧客対応で「**個人に最適化したサービスを提供**」することにあります。先ほど紹介したＡＩカメラのようなＡＩ、ＩｏＴをはじめ各種技術を活用することで、顧客の行動履歴などの膨大なデータが自動的に蓄積できる時代になりました。顧客を理解するための情報は、かってに比べて格段に集まっています。

しかしながら、取得した大量の顧客データを重要な意思決定に結びつけることに課題を抱えている企業が多いのが実態です。企業から相談を受ける内容でとにかく多いのが、「顧客情報の有効活用」です。メーカーと小売業を中心に、この点に課題を抱える日本企業がとても多いと実感しています。

その理由は複数ありますが、直接聞く話として多いのが「顧客に関するさまざまなデータを持ってはいるものの、一律に管理することができていない」というケースです。ＥＣ

担当からSNS、オウンドメディア、実店舗、マーケティング、営業、問い合わせセンター、解約担当など、**企業はそれぞれ〝点〟で顧客情報を入手・管理しており、〝面〟としての対応ができていない**という点に課題があります。サイロ化された組織内で情報の流通が分断されていると、「違う部署の情報は見られない」「情報の存在すら知らない」といったことになり、その結果として有効な顧客対応を進めていくことが困難になります。

多様なタッチポイントから入手するビッグデータを統合することで顧客1人ひとりの理解を深めることができ、データ収集の先にある個別対応などの次のアクションへとつなげることができます。**各担当部署に分断されているデータを組織横断的に統合して、1人の顧客を360度ビューで各部署の担当が確認できるようにすることで、それぞれの部署が信頼できる対応や有効な次の一手を打つことができるようになるのです。**

拡大するタッチポイントを全方位でカバーするシステムを提供することで、企業は顧客データの集約とデータの横断的な利活用が可能になり、マーケティングをはじめビジネス変革の推進に取り入れることができるのです。

顧客の解像度を高めたデータを全社的に共有して利活用していくことは、新規顧客の開拓、顧客の維持、売上予測の精度向上など、あらゆる重要な局面での効果が期待されます。

顧客離脱を防ぐカギは、顧客理解にあり

前章までで述べたように、顧客はサービスを離脱する際に、いくつかの異なる評価軸で意識的、あるいは無意識的に検討を行なっています。サービス消費や買い物に付随するさまざまな現実的要素が頭をよぎり、前述の知覚リスクが表面化してサービスの利用や購買にブレーキをかけるのです。

離脱を防ぐ決定的に重要なポイントは、1人ひとりが知覚するリスクをはじめ、**離脱のキーファクター知ること**であり、それがわかれば解決の方向性が見えてきます。多様なタッチポイントにおいて、顧客の情報や購買行動データをシームレスに統合管理することで、顧客1人ひとりのサービス評価や満足度をあきらかにすることが可能です。

つまり、リテンションマーケティングを効果的に進めるうえで、顧客情報の一元的な管理により、**顧客離脱の予兆を把握・予測する**取組みが重要になります。**離脱につながる複数のパターンをつかみ、それぞれのパターンにおける離脱のキーファクターを特定する**ことではじめて、有効な対策を講じることが可能になります。

顧客情報の一元管理をするシステム構築が不十分だと、これに向けた精緻な分析が行なえず、結果として個々の顧客に応じた最適なアプローチが実現できなくなります。顧客を

〝点〟でとらえてしまうと顧客の真実を見誤ったり、見落としたりしてしまう可能性があります。カスタマージャーニーのプロセスに沿って顧客情報を一元的に管理していくことで顧客の行動や感情までも可視化することが可能になります。

カスタマージャーニーとは、商品・ブランドやサービスに対して顧客が時系列にたどる一連の行動であり、それを旅（ジャーニー）に見立てたものです。顧客がどのように商品やサービスを知り、興味や関心を持ち、購買や契約にいたるかという購買や消費の一連の道筋を指します。

顧客がたどる一連の道筋において、それぞれの**顧客感情を把握**して、それをアジャイル（変化に対応して機敏に対応）に改善していく作業を繰り返していくことが顧客体験を高めるうえで不可欠です。

デジタル世界におけるカスタマージャーニー

マーケティングの大家、フィリップ・コトラーらは近著の中で、顧客がデジタルの世界で製品やサービスを購入、消費するときにたどる道筋「5A」を示しています。5Aは、次の顧客行動として説明されています。

①**認知**（Aware）…体験、広告、推奨によってブランドを知る
②**訴求**（Appeal）…ブランドメッセージを受け取り、特定のブランドに惹きつけられる
③**調査**（Ask）…好奇心に駆り立てられて、追加情報を調べる
④**行動**（Act）…追加情報によって考えが強化され、どのブランドを購入、使用するかを決定する
⑤**推奨**（Advocate）…時間とともに、ロイヤルティの感覚を育み、その感覚は推奨によって示される

コトラーらは、このようにデジタル世界におけるカスタマージャーニーをとらえ、企業の目標について次のように述べています。

「あらゆる企業の究極の目標は、ジャーニーの最初から最後まで卓越したインタラクションを提供することによって、顧客を認知から推奨にまで進ませることである」（コトラーほか、2022）。

カスタマージャーニーの重要性は広く認知されていますが、それを戦術レベルに落とし

込んで効果的に実行できている企業は世界でもごくわずかです。ECの雄であるアマゾンほどカスタマージャーニーを理解し、多様な顧客層に応じた顧客体験を提供できている企業はないと言われています。顧客価値を提供するプロセスやタスクのすべてをデジタル化し、ピンポイントのターゲティングによって、高次なレコメンドから「定期おトク便」や「Prime Try Before You Buy」、「1-Click購入」など顧客の一連の体験をパーソナライズ化させることに圧倒的な力を有しています。

カスタマージャーニーによって、顧客体験を細かく分析することで、「何が次の行動のさまたげ（離脱や利用頻度の低下）になったのか」、「何が次の行動の障害になりやすいのか」といった離脱のキーファクターの検討が可能になり、リテンションマーケティングを展開するうえで非常に有用になります。

顧客が「去る前」にダメ出し・クレームを聞き出す

第2章で触れたように、商品やサービスに不満があっても、企業やブランドにそれを直接口にせずに黙って去っていく「サイレントカスタマー」はどのようなビジネスでもかなりの割合で存在し、とりわけ他ブランドへのスイッチングコストが低いデジタルサービスではその存在の多さが想像できます。

企業に何も言わずに去っていく顧客から、企業が次の一手を考えるヒントは得られません。**企業に愛想をつかして黙って去っていく前に、満足していない理由を聞き出す機会をつくり出す**ことが大切です。これに成功している事例の1つとして、ドン・キホーテがオンラインで設けている特設サイトを紹介します。

同社のオリジナル商品ブランド（PB）についてダメ出しをする専用サイト、その名も「マジボイス（旧・ダメ出しの殿堂）」です。これは、5万アイテム以上の商品について、「いいよ！」と「ビミョー」の2択とコメントで忖度なしの商品評価が寄せられるサービスです。従来の「ダメ出しの殿堂」では、ユーザーから月に2000件もの声が寄せられ、常時800件強のダメ出しが掲載されていました（2023年9月）。このサイトには、10商品ほどがピックアップされていますが、それ以外の商品も自由にダメ出しすることができます。同サイトで選ばれている商品は同社がとくに顧客の声を聴きたい商品をピックアップしているものと思われます。すべてのメッセージに「いいね」の数が表示されており、同じようなダメ出しを考えているユーザーが潜在的にどれくらいいるのか判断する材料になります。中には1つのダメ出しに100件を超える「いいね」が付くケースもあり、商品の改善・改良の指標になります。

ダメ出しの内容はさまざまですが、筆者がサイトを訪れた際には次のような意見・要望が多く目につきました。

「○○がイマイチなので改良して欲しい」

「○○味の商品もぜひ開発して欲しい」

「○○してもらえたら嬉しい」

「○○があったら絶対買う」

「○色なのが残念。もっと格好良い色なら欲しい」

「パンチが弱い。インパクトのある味を期待しています」


このように、現状の商品に対して、「こうして欲しい」「こうはできないか」といった前向きな改善・改良の要望が多く寄せられています（ドン・キホーテ特設サイト）。

実際に同社が顧客の声を真摯に受けとめ、パッケージから内容物、味にいたるまで商品の改善・改良に反映していることを知っているからこそ（実際にダメ出しから生まれた新商品を同サイトで公開している）、顧客はサイレントカスタマーや、クレーマーにならずにいるのです。

別の事例を紹介しましょう。花王が2013年に立ち上げた会員制コミュニティ「Ｋａｏ ＰＬＡＺＡ（2024年春よりMy Kaoへ名称変更）」は、花王製品や生活の情報を交換する場として人気を博し、今では約180万人の会員を有しています。花王のカスタマーサクセス部を統括する鈴木直樹氏は、同コミュニティについて、「お客様を囲い込む」という上から目線のＷｅｂサイトではなく、お客様とつながりたいという謙虚な気持ちで立ち上げたＷｅｂサイトであると言います。約40万人が参加する常設コミュニティでは、生活に関するお題を月に2個ほど出し（たとえば、「紫外線対策」や「暑さ対策」、「散歩」など）、月に2～3万件もの投稿（会員の体験や意見、提案）を集めて、テキストマイニングツールなどで分析し、商品改良や新商品開発、コミュニケーション改善につなげています（ｗｅｂｃａｓニュースリリース）。

花王では、こうしたサイトや後述する生活者コミュニケーションセンターに寄せられた声から商品の改良・開発につながった事例を、ホームページで広く公開しています。たとえば、「お風呂掃除は、かがんでこするのが大変」という声から、こすらずに風呂掃除ができる新製品や、「手が届きにくいトイレの裏側を掃除するのは大変」という声から、トイレのような狭い空間でも、かがむことなく、便器の後ろ側まで掃除できるミニワイパーを発売するなど、こうした事例が紹介されたホームページを見ると、花王の新製品のほとんどがユーザーの声から生まれていることがわかります。

顧客から寄せられる意見・不満・要望の中に明日のビジネスのヒントがあるのです。

顧客をデータ（数字）としてだけ見ることの落とし穴

これまでの説明で、顧客の解像度を上げることの重要性がいかに大切かをご理解いただけたと思います。GAFAをはじめ、比類ない成功を遂げた企業は、顧客中心の発想に根差しています。

顧客の解像度を高める点において、**マーケターがやってはいけないこと、注意すべき点**があります。ここでは、そのうち重要な2点をお伝えします。

第1に「**顧客をデータ（数字）としてだけ追う**」ことです。さまざまな種類のデータがさまざまなカスタマージャーニーの過程で取得することができるようになりました。それを分析する手法も身近になったことで、「マーケターの仕事＝データ分析」という認識が強まっている傾向を、筆者は非常に危惧しています。

何百もの、何千もの、何万もの顧客から構成される詳細なデータを大量に集め、緻密な分析を行なうことで、そこから思いがけない発見や重要な意思決定に結びつくと思い込む経営者やマーケターは多いです。もちろん、統計手法を駆使して大量の顧客データを解析することには一定の意義があります。

避けなくてはいけないのは、データ分析に依拠するあまりに、マーケターや経営者がオフィスに閉じこもり、消費の現場や顧客のリアルな姿に目を向けなくなることです。**データを見るだけでは、顧客の気持ちや思いはわかりません。リアルな声を聞いてはじめて、顧客の感情や体験の理解につながるのです。**

データはもちろん有益ですが、あくまで過去を映し出すものにすぎません。過去のデータに基づいて将来の数値や次の一手を予測するわけですが、**「顧客はこうだ」という一面的な見方によって間違った判断をしたり、環境の変化で過去のデータが役立たない**ことも実際に何度も目にしてきました。

顧客の解像度を上げるには、データで過去を見るだけでなく、ファンたちが集い、企業とコミュニケーションし合えるような場や仕組みをつくり、「顧客に真摯に向き合う」機会を設けること、そして、顧客の声に耳をかたむけることが避けて通れません。**データの背後にある顧客の心理や行動の実像にいかに迫れるか**、これがマーケティングやビジネスの革新のカギをにぎります。

生活者の「不安」「不満」に敏感であれ

注意すべき第2の点が、**「顧客とは異なる企業目線」**でいることです。マーケターには、同じ時代を生きる生活者についての視点を持ち合わせることが大切です。

ともすれば、自社の顧客やファンばかりに目を向けてしまいがちになります。**顧客の動きだけを追っていると、世の中の大きな変化を見落としてしまう**こともあります。

歳月の経過とともに、これまで自社が「最良」と考えていたサービスや機能で、世間が求めているものと乖離が生じ、その結果として需要が行き詰まることは実務ではよく発生します。

自社の顧客だけ、あるいは競合企業の動きだけを見ていると、自分たちが考える「常識」が世間の常識でもあると思い込んでしまいがちです。ところが、**自社の「常識」は世間から見れば「非常識」である**場合も多く、世間とのズレを認識していない企業も決して少なくはありません。このことは「業界の常識」も然《しか》りです。

このような世間とのズレが、企業経営にとって致命的になることは歴史が証明しています。

ある消費財メーカーで、定期的に行なっている生活者調査の現場を見せてもらったことがあります。この企業は自社の顧客を超えて生活者の生の声を把握し、潜在ニーズや重要なインサイトを発見する目的でアンケートよりもグループインタビューに力を入れていました。インタビューでは主に生活者が「こんなものがあったらいいな」や「このように変更してくれたらいいな」といった点を主に聞き出していました。

このような生活者のリアルな希望や期待を聞き出すことも、もちろん意義があることですが、「**欲望よりも生活者の不安・不満**」**を聞き出すことは、さらに重要です。**顧客を含む生活者が抱えている問題は何かを把握すること、とりわけ重要なのが**今を生きる生活者は何に不安や不満を感じているのか**、という点です。

【同じ時代を生きる生活者が――】

- どんなことに**不安を感じて**生きているのか
- どんなことに**不満を抱いて**生きているのか

マーケターは生活者と同じ目線で現代社会に渦巻く不安や不満に敏感でなければなりません。また、物価や景気、金利、為替、失業率などマクロ経済にも常にアンテナを張っていなければなりません。

これはビジネスに限った話ではありません。政治でも、生活者のリアルな姿を知らないがために無神経な発言をして炎上したり、間違った政策を採用したり、ということが後を絶ちません。

データだけを追っていては、生活者の不安・不満の実態をつかむことは困難です。データ分析などの定量調査だけでなく、定性調査も重視し、データの裏側にある隠れた本音や心理を見抜いていくマーケティングが求められます。

専門誌『商業界』の元編集長で商い未来研究所代表の笹井清範氏は、著書の中で次のエピソードを紹介しています。

> ユニクロの中でもトップランクの売上を上げる旗艦店の店長は、日に何度も店頭に立ち、売場を回り、お客様の様子を観察していました。その理由を「現場には、きれいにまとめられた数値データにはあらわれない真実がある」と語りました。

そして、「売場でつぶやかれる小さな声に聞き耳を立て、クレームならば真摯に寄り添い、お客様の心の中を探してください。繁盛の青い鳥は必ずそこにいます」と笹井氏は述べています。繁盛の「青い鳥」は顧客の心の中にいるのです。

消費者・顧客を最もよく知る企業を目指す

花王は顧客の声を事業活動に活かすVOC（Voice of Customer）に、半世紀近く前から取り組んでいます。それが、1978年に自社で開発した「花王エコーシステム」であり、同システムでは、生活者コミュニケーションセンターに寄せられたすべての声がその日のうちに詳細まで入力され、それらの声を全社で活用します。

センターに寄せられた1つひとつの声をマーケティング、商品開発、研究、品質保証など各部門の社員が日々確認するシステムが徹底され、各部門の責任者が定期的に会して、顧客の生の声を確認しながら、それをもとに商品性能、容器、表示、広告など商品づくりや企業活動に反映しています。

こうした顧客の声や気持ちを関係者のすべてが共有できる全社的な仕組みを設けることで、真の顧客志向の経営を実現しているのです。これにより、顧客の嗜好や意識の変化をすぐに察知し、即座に手を打つことが可能になります。

5-3

顧客の成功を追求する

「顧客の成功」を第1の目的とする〝カスタマーサクセス〟

前節までで見たように、企業はさまざまなアプローチから顧客理解に努めています。真に顧客志向の組織になるということは、企業がまだ知らない顧客の真実を深く理解するということです。

さらに、企業に求められるのは、顧客理解を踏まえて、1人ひとりの顧客の成功体験をつくること、すなわち「**カスタマーサクセス**」に向けた能動的な支援です。サービスでも製品でもカスタマーサクセスは、その言葉の通り、**顧客の成功を第1の目的として、顧客が望む成功に向けてより良い状態に導く支援・取組み**を意味します。

顧客の要望通りのサービスや商品を提供していても、顧客がそれを使いこなし、自力で大きな成功を達成したり、大きな変化を成し遂げることは容易ではありません。顧客が望んでいる期待や願望に企業としてどれだけ役立つ支援ができるか、こうした**対応品質**が問われる時代になっているのです。

当然のことですが、電気・水道・ガスといった公共サービスと違って、民間のサービスは顧客がずっと自社のサービスを使い続けるという保証は何もありません。だからこそ、カスタマーサクセスが求められるのです。

契約型のサブスクサービスだけに当てはまることではありません。非契約型のサービスでも、ハードを提供するメーカーでも、顧客の成功こそが企業の利益と考える意識と姿勢が求められているのです。

カスタマー「サポート」からカスタマー「サクセス」へ

第1章で触れたように、商品やサービスの機能的な差別化が難しくなった現在、消費者は感情的・感覚的な「体験価値」で企業やサービスを選ぶ傾向が強まりました。

顧客を惹きつける企業は、商品やサービスの購入後に「良い買い物をした！」と思わせる良質な顧客体験を提供しています。

顧客を魅了する体験価値を提供するうえでカギとなるのが、カスタマーサクセスに他なりません。これこそが、顧客創造ならびに顧客離脱防止におけるキーワードです。

これに似て非なる「**カスタマーサポート**」という言葉があります。これが意味するところは、顧客が利用時に何らかのトラブルを抱えた際に対応する業務・部署を指します。こうした**受動的な取組みであるカスタマーサポートに対し、カスタマーサクセスは、買った後の顧客への支援を惜しまない点に特徴**があります。使用時の不安やストレスを極力削減し、満足感や快適性を高められるように積極的に支援していく活動こそがカスタマーサクセスです。

決断の末にようやく購入してくれたとしても油断は禁物です。買い物（取引）が本当に正しかったかどうかは、商品やサービスを使い始めたときに決着します。

メルカリ快進撃の裏にある「カスタマーサクセス」

メルカリの例を見てみましょう。同社は創業以来、カスタマーサクセスを大切にしてきました。フリマアプリとしては、メルカリは後発の参入でした。メルカリの田面木《たものき》宏尚氏は、「（後発のサービス）だからこそ、喜びや利益、ハッピーをもたらして多くのお客さまに使っていただくためには、便利さを追求しサービスを充実させることに経営リソースを投下することが必要だった。自然と、カスタマーサクセスを突き詰めるようになったのです」（Forbes JAPAN HP）と振り返ります。

創業時からカスタマーサクセスの考えを大切にしてきたメルカリが重視しているのが、花王とも共通するＶＯＣ（Voice of Customer）です。カスタマーサポートに寄せられる問い合わせを創業当時からずっと1件1件目を通して内容の分析を行なっているという徹底ぶりです。さらに、月に1回社内で「ＶＯＣミーティング」を実施し、問い合わせのトレンドを共有します。田面木氏は「お客様の声に直接触れる機会も大事にしていて、私もよく座談会に参加しています」と語ります（同ＨＰ）。

メルカリでは、多様な形でＶＯＣを集めることに力を入れています。1日中さまざまな角度から討議して顧客の声を分析・評価する「ＶＯＣ読み込み合宿」や顧客に直接意見を聞くリアルの場での座談会「メルカリサロン」、オフィスにオープンしたその名も「ＶＯＩＣＥ」というカフェ、社内報の「ＶＯＣ新聞」など多様な取組みを行なっています。

カスタマーサクセスの考えが組織全体に浸透し、顧客の声を大切にする企業文化があると言えます。

ＣｔｏＣという個人間取引では、思わぬトラブルが発生しがちです。利用者側の知覚リスクが発生しやすいという特徴もあります。同社では、安心・安全にサービスを利用してもらえる取引環境の整備に余念がなく、**顧客の成功、カスタマーサクセスにマイナスの影響を与える要素を徹底排除する仕組みを構築してきました。**24時間365日カスタマーサービスが稼働し、違反商品や行為の早期排除を、テクノロジーを駆使して実践しています。

同社で「Advocating Customer Voices＝お客さまの代弁者」を使命とするチーム（CXPM：Customer Experience Program Management）が、ここで挙げた「VOICE」カフェや「VOICE新聞」を運営しています。VOCに基づく定量・定性データをプロダクトチームに共有して、問題や改善施策をディスカッションし、それを経営陣に共有提案していく「VOCミーティング」が行なわれています（メルカリHP）。

顧客の意見から潜在的なニーズを探り、プロダクトの改善や新しいアイデアの創出につなげる取組みが全社的に構築されていることが、今や月間2000万人以上の顧客に利用されるまでに成長したメルカリの強さを支えています。

クラウドベースの台頭とカスタマーサクセス

「カスタマーサクセス」と言うと、マーケティングのバズワードの1つに思われがちですが、とりわけデジタルサービスを提供する企業にとっては単なるフレーズではありません。顧客の成功を第1の目的としたカスタマーサクセスの思想が社内に浸透していなかったり、具体的な実践の仕組みが構築されていなければ、事業が成功するチャンスは限られたものになるという現実があります。

カスタマーサクセスがここ数年で注目された背景の1つに、クラウドベースのビジネスが台頭したことがあります。この大きなビジネス環境の変化によって、ソフトウェアやコンテンツは「所有」から「利用」に変わりました。取引形態はもはや販売ではなくリース主体になり、最初の取引で多額の金額が必要ではなくなりました。新しいソリューションや体験を試してみるハードルが劇的に低くなりました。

顧客は自分自身でソフトウェアやコンテンツを所有することなく、一定の利用期間に応じて利用料を払います。こうしたクラウド経由でソフトウェアを利用する**SaaS（ソフトウェア・アズ・ア・サービス）型ビジネス**があらゆる業界で開花しました。

個人が利用するサービスから、組織が利用する財務・会計、人事・給与など基幹系システム、さらにデータ分析、セキュリティなど幅広い領域に対応しています。定額制で提供するサービスもあれば従量課金制もあり、これまでクラウド活用に消極的だった企業も導入する事例が増え、今後も高い成長が見込める分野です。

カスタマーサクセスは、法人向けSaaSを中心とする分野で広まった概念ですが、今日では一般消費者を対象としたBtoCビジネスにおいても注目され、専門部署を設置している企業も増えています。

クラウドを用いたサブスクモデルにいち早く切り替えた企業として、デザイン・クリエイティブツールを提供する米アドビが筆頭に挙げられます。他社に先駆け、2011年に年間契約のサブスクに移行しました（日本では2012年にリリース）。これまでのソフトウェア単体の売り切り型と異なり、サブスクでは毎月のようにソフトをアップデートできることで常に最新の機能を顧客に提供できるというメリットがあります。同社の成功を受け、マイクロソフトをはじめとするソフトウェアの有力企業の多くが永続型ライセンスからサブスクに舵を切っています。

アドビが証明したカスタマーサクセスの価値

アドビの大改革を成功に導いたのが、この**カスタマーサクセス**にあると言われます。自社のプロダクトが提供するデジタル体験を顧客にいち早く体験・実感してもらうため、アドビは、カスタマーサクセスチームをいち早く立ち上げました。顧客が目指すゴールや課題解決に対し、アドビの製品をフル活用して実現するための手厚いサポートを行なう体制が構築されています。サブスクへの転換とカスタマーサクセスの強化が奏功し、２０１０年代前半に約40億ドルで横ばいだった年間売上は、10年が経過した現在、約４倍の１７６億ドル（２０２２会計年度）にまで拡大することに成功しています。

アドビは「顧客の声を聞く文化」を標榜し、そのための有益なガイドラインを設けています。顧客の声に耳をかたむけるところから同社のカスタマーサクセスはスタートします。

アドビのカスタマーサクセスマネージャー和久井かおり氏は、カスタマーサクセスの専門部署の価値観について、「最も大切なのは、お客様にアドビ製品の価値を感じてもらうこと、だと考えています。その方法はさまざまにあって、たとえば製品の機能をしっかりと活用していただき、導入コストの価値を感じていただくこと。さらにその先にフォーカスし、お客様のビジネスにおいて成果を出すのに貢献できるのが理想的です」と述べています（Adobe HP）。

さらに、「我々は、お客様とアドビに対して中立な立場でありたいと考えています。たとえば、セールス側として提案したい意図があっても、お客様の立場で見てベストでなければ止める。逆に、お客様のご要望に対しアドビが応えられないと思えば、それを真摯にお伝えする」と言います。十人十色の顧客を深く理解しているからこそ、顧客の成功に向けた最適解を導くことができるのです。

「成功した顧客体験」が継続利用のカギをにぎる

多様な領域をカバーするSaaSですが、そのビジネスモデルに共通することは、**顧客の更新なくして、事業の成長は見込めない**という点です。従来の売り切り型ビジネスではシステムやサービスの導入時に大きな売上が計上されましたが、SaaSでは継続的に利用してもらわないとビジネスが成立しません。契約を更新する・しないの決定権は当然、利用者側の顧客にあり、その決め手になるのは**自分（自社）にとって効果を実感できたかどうか**に依拠します。

たとえば、サービスを利用してこれまで以上に便利になった、役に立った、快適になった、目標を達成したなどプラスの成果やポジティブな感情を抱く、**成功した顧客体験があれば更新されていきます。**このことが、サービスを更新（継続）する唯一のカギと言えるでしょう。人間誰しも損はしたくありませんので、これとは反対に**少しでも「失敗した」と感じれば有料サービスを更新せず、利用をやめることになります。**

驚異の「解約率1％未満」を支えるカスタマーサクセス

カスタマーサクセスを成功に導くには、組織全体に、「顧客の成功」を考える企業文化が育まれていること、そしてこれを実現するためのシステムが構築されていることに加え、顧客1人ひとりとつながるデジタル環境が揃っていることが求められます。

カスタマーサクセスは、組織全体に普及していることが大事であり、経営陣が行なう大きな意思決定から、各部署に所属する従業員が日々の業務で行なう意思決定まで、それが「顧客の成功」を志向していれば「正しいこと」として実行に移し、それに逆行するものであれば「正しくないこと」と判断する意思決定の指標になり得るものです。

すべての社員がカスタマーサクセスのために動いている企業の1つが、2021年にユニコーン企業となったSmartHRです。クラウド人事労務ソフトで高いシェアを誇るSmartHRの急成長を支えてきたのが、顧客のオペレーション改善や課題解決を支援する部署であるカスタマーサクセスグループであり、100名を超える人員がこれに従事しています。登録者数は6万社を超え（2023年10月）、導入企業の99％以上が継続利用し、解約率は1％未満に抑え続けるという驚異の数字を誇っています（SmartHRプレスリリース）。

同社は、ユーザーの利用状況ごとに「オンボーディング」（1～4ヶ月）、「定着・活用」（4～10ヶ月）、「更新」（10ヶ月以降）の3つのステージを設定し、対応を行なっています。たとえば、オンボーディング期には導入を進めるための情報を一覧化した資料でスムーズな導入を促すことや、定着・活用期にはeラーニングを活用したSmartHRスクールやチャットサポートを通じて、顧客の疑問に答える体制ができあがっています。

同社の創業者で2022年にCEOを退任した宮田昇始氏のブログでは「解約するユーザーには利用状況のデータからいくつかの傾向があることがわかっています。退会しづらくするとかそういうことではなく、ユーザーの満足度を上げてチャーンレートを改善する施策を1つひとつ積み上げていきます」と解約への同社の向き合い方を宣言しています。

急成長を遂げる同社には、顧客数や機能がいかに拡大しても、顧客満足度と品質を落とさないという、カスタマーサクセスを愚直に追求する姿勢があります。

サービス継続のカギをにぎるオンボーディング

ＳａａＳを展開する企業の一般的なカスタマーサクセスのプロセスは、次のようになります。

【ＳａａＳビジネスを行なう企業のカスタマーサクセス】

オンボーディング期：導入直後の手厚い支援
アダプション期：利用定着と顧客の自走を支援
リニューアル期：契約更新に向けたアプローチ・対応
エクスパンション期：新機能の提案（クロスセリング・アップセリング）

とくに、ＳａａＳビジネスで顧客の離脱が高いのが、サービス導入直後の**オンボーディング期**です。オンボーディング期は、顧客がプロダクトに初めて触れ、期待値も最高潮に達し、時間と労力をかけてでも使いこなしたいという意欲満々なタイミングにあたる時期です。そのような時期に万一しくじると、「期待したほど良くなかった、と一瞬で見限られ、一度そう思われたら、再び前向きな気持ちに戻すのはほぼ不可能」と言われます。

顧客がオンボーディング期に抱く不安や悩みの代表的なものとしては、次のものが挙げられます。

【オンボーディング期に生じる課題】

サービスを導入したものの……
- ■ 操作方法がわからない
- ■ 機能を使いこなせない
- ■ 成果が実感できない

カスタマーサクセスの最初の重要ステップは、「導入直後の手厚い支援」です。サービスやシステムを導入し始めたばかりの顧客に対して、いち早く使い方に慣れてもらい、不安や悩みを解消してもらうことです。企業はそのために先回りして顧客が直面している課題は何であるか、あるいは導入の目的は何であるか、すなわち顧客の成功を把握することが求められます。

初期段階における不安や悩みを把握したうえで、それに応じた解決策を提示することができれば、離脱率の大幅な改善が見込めます。

利用の定着に向けたアダプション

次の段階は、オンボーディング期を無事に超えた「利用定着と顧客の自走を支援」する**アダプション期**です。オンボーディングでは顧客に伴走する形で手厚い支援が必要とされますが、次の段階は支援を徐々に弱めながら、顧客の自走を見守っていく段階に入ります。顧客が求めている成功をあきらかにしていく中でそれに向けた支援を行ない、サービス利用の定着を目指します。

自走に移行し、サービスのさまざまな機能を使いこなすことができるようになって、はじめて成果の検証や費用対効果を把握することが可能になります。このタイミングが**リニューアル期**であり、「契約更新に向けたアプローチ・対応」が求められます。顧客は、自分たちの環境に合った最も適したサービスなのかどうか、もっと他に好ましいサービスがあるのではないか、あらゆる角度から検証を行ないます。

顧客のさらなる成功を支援

顧客のさらなる成功に向けては、顧客が求めていること、知っていること以外に、顧客が気づいていない課題や解決策の提示が行なわれ、継続的な利用を決定づける支援や指導が有効な手立てとなります。

ここでは、既存の機能にプラスアルファした新機能を組み合わせることで、これまで以上にすぐれた顧客体験を実現したり、カスタマーサクセスが実現できる見通しについて提案を行ないます。現在利用中のサービスをアップグレードした上位モデルやオプションの利用を進めたり（アップセル）、関連したサービスでよりすぐれた顧客体験やカスタマーサクセスを実現するプラン（クロスセル）の提案です。

いわゆる**エクスパンション期**として、サービスの利用を「拡張」していくフェーズです。アップセルやクロスセルで顧客単価を上げることは、とくに離脱率の高いデジタルサービスにおいては、顧客離れのリスクを吸収するうえで求められる施策です。

しかし、ここで注意しなくてはいけないことは、自社の売上や目先の利益にとらわれるあまり、顧客に不要なものをセールスし、顧客体験やカスタマーサクセスを損なうことです。あくまで顧客の事業やソリューションにふさわしい機能やサービスを提案することで、顧客の満足度やロイヤルティをより一層高め、顧客生涯価値（LTV）の向上を実現していくことが重要です。

カスタマーサクセスを実現する専属部署の存在は今後ますます高まっていくでしょう。本節で見てきたように、その存在意義は主に次の4つに大きく貢献するからです。

【カスタマーサクセスの期待効果】

■顧客の満足度を高める
↓
■顧客のロイヤルティを高める
↓
■企業のファンをつくる
↓
■リテンションと収益増（クロスセリング・アップセリング）につながる

終章

すぐれた顧客体験がビジネスを存続させる

顧客の体験価値を磨き続ける努力

従来の売り切りモデルから、多くのビジネスはサブスク型モデルに移行しました。デジタルサービスの多くが継続型のビジネスを採用することで、より一層「顧客体験」と「顧客満足」を追求することが企業にとっての重要課題になりました。

映像体験を可能にして快進撃を続けてきたＧｏＰｒｏも、カメラやクラウドストレージを提供するサブスクリプションを開始し、成長をさらに加速させています。サブスクユーザー限定のイベントを開催したり、アワードの賞金を倍にするなど**ファンとつながり続けるリテンションの仕組み**を強化しています。

前章で述べたカスタマーサクセスとは、突き詰めるところ、**顧客の成功体験を最大化**する概念であり具体的な取組みです。このことは、ＳａａＳのような契約型サービスか非契約型サービスかを問いません。**絶え間なく顧客の体験価値を磨き続ける努力こそが、既存客の満足度を高め、しいてはファンを育てるのです。**

細部にまで気を配った体験価値が選ばれる

「体験価値」の「体験」とは、顧客が商品やサービスを利用する際のすべてのプロセスにおける体験を指します。購入前から購入時、そして利用中から終了後まで、購買行動のすべてのステージで知覚した体験が、トータルな体験価値として評価されます。

顧客は一連の体験を通じて、満足／不満足、良い／悪い、好き／嫌い、感動／失望、快適／不快……など、あらゆる軸で体験を評価し、サービスの継続意向を決定します。

顧客を惹きつける企業は、商品やサービスの購入前後のあらゆるステージにおいて「良い買い物をした！」と思わせる良質な顧客体験を提供しています。具体的には次のようなものがあります。

- 買い物をしている最中の楽しさ
- コンテンツを選ぶときの高揚感
- サービス利用時の没入感
- 直感的に使いこなせる快適性
- オンラインとリアルがシームレスでストレスフリー

■思いがけないサプライズに感動
■一律ではない親身な顧客対応に感動
■心躍る感動体験
■使うほどに好みや嗜好にフィットする体験
■受け身でなく積極的な参加やかかわり
■使い終わった後での満足感や余韻

このようなトータルの心地良い経験が重視される時代になり、あらゆるビジネスで商品やサービスの提供のみでは十分ではなくなりました。今や顧客は体験を求めており、そこに自分なりの楽しさや感動を見いだせるものを支持するようになっています。

顧客体験を下げるペインポイント

本書で取り上げてきた企業に加え、ディズニーやスターバックス、コストコ、セールスフォースなどの世界的に高い競争力を有する企業は共通して、顧客体験を重視したビジネスを積み上げてきました。これら企業の多くが、**細部まで徹底的にこだわることで感動体験を創出すると同時に、顧客体験を下げる要因を排除することに注力しています。**

せっかく良質な顧客体験を提供していても、たった1つの**ペインポイント**を顧客が知覚すると、顧客体験自体の魅力が低下してしまうことが多々あります。**ペインポイントとは**〝ペイン〟すなわち顧客が感じる「痛み」であり、**商品やサービスを利用する過程で顧客が遭遇する不満や不快、不便さなどマイナスの感情や状態を指します。**

具体例で説明します。ある流通業が行なった座談会（グループインタビュー）に私が立ち会った際、次のような意見を聞きました。

都内に住む女性Aさんは、あるスーパーマーケットX店が導入するアプリが理由で、これまで足繁く通っていたX店の利用を控えるようになったと言います。チェーン店であるX店は、ポイントやクーポンが利用できるアプリを導入しました。アプリでは会員限定のクーポンが充実していて、最初は満足して利用していたそうです。

しかし、会計時にバーコードを表示する度にポップアップ広告が表示され、バーコードが隠れてしまうことで、その都度ウィンドウを閉じるひと手間が気になり始めます。その操作の手間暇や負担自体はたいしたことではないのですが、毎回の会計時に求められる不必要な単純作業を煩わしく思い始め、回を重ねるごとにストレスを感じるようになったと言います。これを1つのきっかけとして他のスーパーマーケットに行く機会が増え、これまで最も利用頻度の高かったX店にはめっきり行かなくなってしまいました。

Aさんの例のように、**企業からしてみると「まさかそんなことが理由で」と思うような**

ことで顧客が去っていくケースが実際は多々あるのです。

顧客体験を高めるには、顧客が遭遇するペインポイントの発見とその解決を常に行なう体制を構築することが大切です。企業が実際に行なう顧客分析において見落としがちなのが、このペインポイントの存在です。リテンションマーケティングにおいて、ペインポイントの特定に向けたリサーチを行なうことは極めて重要です。

それは、**顧客が求めていないことを特定することによってはじめて、顧客が本当に求めていること、期待していることをあきらかにすることができる**からです。

顧客体験を決めるのは「ピーク」と「ラスト」

行動経済学に「**ピークエンド効果**」という用語があります。ノーベル賞を受賞したダニエル・カーネマンが提唱した理論であり、カーネマンは「人間は体験の良し悪しを〝最も感情が動いた瞬間〟と〝最後の瞬間〟の2か所の印象で決定づけている」と言います（カーネマン、2012）。

つまり、**感情のピークとラストが満足や感動をともなったプラスの感情・印象を持つことになれば、その体験自体がプラスのポジティブな体験として印象に残り、リピートの確率が高まります。**逆にピークとラストの盛り上がりに欠けてしまった際は、さほど記憶に残らずリピートの確率を低下させることになります。

ビジネスに限った話ではありませんが、あらゆる事象においてピークとラストは大切です。映画やドラマ、小説をとっても、いくら全体のストーリーが良かったとしても、ピークとラストが期待はずれの結果であると良くない印象として評価されがちです。これとは異なり、一連の体験の中で「マイナス」な評価に感じる側面があったとしても、ピークとラストがプラスでポジティブなものであれば、全体として良い印象を与えられるということです。

〝終わり良ければすべて良し〟と言われるように、とくにラストの体験は大切です。テーマパークでも最後の顧客体験を大切にしています。日中、アトラクションで長時間並び疲れた経験や暑さや寒さの苦痛も、ラストのフィナーレで楽しく美しいパレードや花火を鑑賞することで、その日の負の体験や疲れも1つの思い出に変えてしまう力があります。

先のスーパーX店の利用をやめたAさんの事例は、「支払い」という買い物におけるラストのネガティブな経験が買い物全体あるいは店舗自体の評価として、顧客離脱の決定打になってしまったのです。

顧客が感じるピーク時とラスト時に**〝企業が気づいていないペインポイント〟**は存在していないか、利用者の立場になって、**利用者の目線で総点検することがリテンションマーケティングの要**です。

デジタルコンテンツで差別化した顧客体験を創出

デジタル上で企業と顧客がダイレクトでつながる接点が増えました。かつては、リアル空間において、顧客接点（タッチポイント）は限られていましたが、デジタルが社会に浸透するにつれて、顧客接点の中心はＷｅｂサイトからソーシャルメディアやアプリを通したモバイルに移り、さらにＷｅｂ３やメタバースなど新たな空間に広がりを見せています。**あらゆるデジタルコンテンツを活用して顧客体験の魅力を最大化**させることが、デジタルネイティブをはじめとした現代消費者のファンを獲得・育成するうえで決定的に重要な役割を果たすようになりました。

そのお手本と言える企業が米ナイキです。ナイキは「Ｃｏｎｓｕｍｅｒ Ｄｉｒｅｃｔ Ｏｆｆｅｎｓｅ」という戦略方針を２０１７年に掲げ、ＤｔｏＣブランドに軸足を移しました。

主戦場は従来のリアル空間からモバイルに変わり、デジタルの強みを活かして顧客に接近し、１対１のつながりを深めることを成長の原動力にしました。現在では、使用用途や目的に応じた５つのアプリを提供して、これらを主要な顧客接点と位置づけています。それぞれのアプリが新しい顧客体験を生んでいます。

たとえば、キュレーション型（独自の基準でコンテンツを選別・編集）のスニーカー専用ECサイト「SNKRS」では、毎日、数足の限定商品やコンテンツがタイムラインで流れてきます。従来のシューズの買い方は、店舗のラックにディスプレイされた無数のシューズの中からお気に入りの1足を見つけるものでしたが、ナイキが提供するECサイトは従来の買い方とはあきらかに違います。数ある中から「選ぶ」という過程が省かれています。限られたブランドの中で、1つひとつ商品のこだわりやストーリーが提示され、その世界観に共感や強い欲求が生まれるかどうかの判断を楽しむ買い方になりました。

ほかにも、ナイキのシューズ購入後にジョギングやウォーキングの走行距離の記録から音声ガイドランやトレーニングプランが充実した「Nike Run Club」、本格的なワークアウト（筋トレ、ヨガ、有酸素運動、ストレッチなど）が利用できる「Nike Training Club（NTC）」、左右のシューズのフィット感を調整（Apple Watchと接続すれば、手首からフィット感の調整も可能に）する「Nike Adapt」などがあります。

これらのアプリに共通するのが、顧客の**利用状況や目的に応じて、顧客の成功、すなわち顧客体験の最大化を実現するしかけ**が充実している点です。ランニングやトレーニングを続けるモチベーションの向上や、タイムラインで毎日のように流れてくる新たな製品との出会いを日々楽しむといった、**エンゲージメントの高まりに効果**があります。

実際に筆者はナイキのアプリを利用していますが、デジタルの恩恵を実感するとともに、ブランドとの距離の縮まりを実感します。顧客との接点が増えることで、顧客と直接つながり、顧客体験を最大化させることができるチャンスは、無数に増え続けています。

顧客との関係性を継続していくリテンションマーケティングには、企業やブランドと顧客の距離を近づけるための良質なコミュニケーションをとっていくことが求められます。その中で、これまでは気づくことができなかった顧客の利用状況や心理・行動などを細かく把握することも可能になります。

その過程で重要なことは、**顧客1人ひとりの求める体験を提供できるよう支援すること**です。今日のデジタルを活用したマーケティングでの重要な検討事項は、1人ひとりのカスタマーサクセスをいかにつくっていくか、という点にあります。ECしかり、サブスクでもDtoCブランドでも、**あらゆるビジネスのコアになるのは、痒いところに手が届く顧客支援**です。

休眠顧客へのアプローチも、リテンションマーケティングの要諦

顧客1人ひとりがオンライン上で、どのような体験をしているのかわからずして適切な支援はなし得ません。オンライン中の行動データなどを用いて、顧客の状況や行動・感情

に応じた役立つ情報を用意・発信できる体制を構築することが求められます。これらを実現するマーケティングオートメーション（MA）ツールの効果的な展開が、これからのマーケティングにはますます重要視されていきます。

サービスを利用する前の見込み客には、取引の不安を解消し、興味・関心に合った情報を提供していく必要がありますし、利用を始めたばかりの顧客には機能やサービスを使いこなすサポートが求められます。ある程度の利用期間を経た顧客にはサービスの定着やさらなる顧客体験や成功に向けたコンテンツの発信が重要です。

そして、企業がしばしば忘れがちなのが、しばらく利用がない**休眠顧客へのアプローチ**です。休眠顧客は離脱寸前であることが多く、リテンションマーケティングでは優先順位の極めて高い顧客層です。再びサービスに目を向けてもらうきっかけをつくる、価値ある情報提供やコミュニケーションをきめ細かく対応していく必要があります。

持続可能なビジネスの実現に向けて

筆者はこれまで、企業のＣＲＭやリテンションマーケティングに携わってきましたが、これらの活動は、結局のところカスタマーサクセスに行き着く、という結論に達しました。**顧客の成功なくして、ビジネスの存続はない**ということです。

別の言い方をすれば、リテンションマーケティングとは、**顧客を知らないことには始まらない**ということです。**顧客1人ひとりへの理解を深め、それに応じたカスタマーサクセスをつくることがリテンションマーケティングの目指すところです。**

顧客に寄り添い、1人ひとりの思いや行動を理解して成功に導く支援ができている企業、そしてそれを意思決定に活かす能力や意識を持っている日本企業はまだまだ多くありません。「顧客の成功」＝「事業の成功」という視点で、顧客の成功体験を愚直に追求することが、企業が生き残るうえでの最優先事項となります。

この取組みは、ますます求められていくでしょう。

おわりに

本書を最後までお読みいただき、誠にありがとうございます。

新規顧客の獲得をテーマにしたビジネス書籍が多い中、本書は顧客の離脱防止に光をあてました。そのため、本書ではマーケティングの醍醐味とも言える巧妙なしかけや斬新なプロモーションなどは扱っていませんので、「これってマーケティング?」と思われたかもしれません。

しかし、本書を通して、顧客の離脱防止という一見すると〝守りの経営を強化〟する活動こそが、生き残りをかけた重要な一手となる〝攻めの経営を実現〟することをご理解いただけたのではないかと思います。「顧客が去っていく本当の理由」を突きとめて、それを取り除くことがリテンションマーケティングの最重要項目です。

本書では、顧客離脱に影響を与える理論に加え、関連する多くの事例を紹介しました。扱った事例に広く共通するのは、顧客理解に向けた独自の取組みに力を入れ、顧客の成功体験を作り出している点です。そこでは、徹底的に顧客に寄り添い、顧客体験の刷新に全力を注いでいます。顧客を無視したビジネスは結果としてファンが育たず、顧客離脱を引き起こしてしまいます。

全米一の人気スーパーマーケットとして知られる「ウェグマンズ（Wegmans）」のすべての店舗の店先には、前会長であるロバート・ウェグマンズの次の言葉と写真が掲げられています。

Never think about yourself; always help others.

「自分のことを考えず、常に他者のことを気にかけよ」という、この一文にマーケティングのエッセンスが詰まっています。残念ながら、自社の儲けばかりを優先してコンプライアンスを軽視した企業による不正や不祥事が後を絶ちません。企業は、顧客や従業員、取引先などに広く目を配り、あらゆる利害関係者からの信用・信頼の獲得に向けた不断の努力を重ねていかねばなりません。真の顧客本位の経営を実践するうえでは、自分（企業）都合のビジネスから、買い手（顧客）都合へシフトすることが最重要課題であり、これこそがリテンションマーケティングを成功させる要諦です。

リテンションマーケティングは通常のマーケティングと同様に、「これさえすればいい」という魔法の戦略はありません。さらには、顧客に末永くご愛顧いただくための近道もありません。だからこそ、企業は世の中の移り変わりと顧客を注視し続けなければなりません。**世間と顧客への深い理解を通して、1人ひとりの顧客を喜ばせることを追求する営みこそが、企業の繁栄と未来をつくるカギになるのです。**

末永く顧客に愛される企業を具現化するために、本書が少しでもお役に立てることができれば、筆者としてこれほど嬉しいことはありません。

本書の企画・制作にあたっては、日本実業出版社の方々に常に的確な指摘とアドバイスをいただき、そのおかげで本書は完成にいたりました。この場をお借りして心より感謝を申し上げます。

本書の骨子となる内容は、これまでの多くの方々のご指導、ご支援の賜物であり、心から感謝の意を表する次第です。

最後になりましたが、本書を手に取ってくださった読者の皆様に心からのお礼と感謝の念を込めて筆を置かせていただきます。

宮下　雄治

参考文献

伊藤雅俊（2003）『伊藤雅俊の商いのこころ』日本経済新聞社
碓氷悟史・大友純（2015）『賢い企業は拡大主義より永続主義』同文舘出版
大坂祐希枝（2018）『売上の8割を占める優良顧客を逃さない方法─利益を伸ばすリテンションマーケティング入門─』ダイヤモンド社
長田新子（2020）『アスリート×ブランド─感動と興奮を分かち合うスポーツシーンのつくり方─』宣伝会議
小野譲司（2010）『顧客満足［CS］の知識（日経文庫）』日本経済新聞出版社
金澤洋・金子直樹・堀祐子（2022）『銀行とデザイン─デザインを企業文化に浸透させるために─』インプレス
クレイトン・クリステンセン、ジェフリー・ダイアー、ハル・グレガーセン著、櫻井祐子訳（2012）『イノベーションのDNA─破壊的イノベータの5つのスキル─』翔泳社
ゲイリー・ハメル著、有賀裕子訳（2013）『経営は何をすべきか─生き残るための5つの課題─』ダイヤモンド社
小島英揮（2019）『ビジネスも人生もグロースさせるコミュニティマーケティング』日本実業出版社
笹井清範（2023）『店は客のためにあり 店員とともに栄え 店主とともに滅びる─倉本長治の商人学─』プレジデント社
シーナ・アイエンガー著、櫻井祐子訳（2010）『選択の科学─コロンビア大学ビジネススクール特別講義─』文藝春秋
嶋口充輝（1994）『顧客満足型マーケティングの構図─新しい企業成長の論理を求めて─』有斐閣
ジョー・ジラード、スタンリー・H・ブラウン著、石原薫訳（2018）『最強の営業法則』フォレスト出版
鈴木敏文（2003）『商売の原点』講談社
鈴木敏文（2003）『商売の創造』講談社
ダニエル・カーネマン著、村井章子訳（2012）『ファスト&スロー─あなたの意思はどのように決まるか？─』早川書房
デイビッド・ルイス著、武田玲子訳（2014）『買いたがる脳─なぜ、「それ」を選んでしまうのか？─』日本実業出版社

ニール・ヒンディ著、長谷川雅彬監訳、小巻靖子訳（２０１８）『世界のビジネスリーダーがいまアートから学んでいること』クロスメディア・パブリッシング
ピーター・F・ドラッカー著、上田惇生訳（１９９５）『〔新訳〕創造する経営者』ダイヤモンド社
ピーター・F・ドラッカー著、上田惇生訳（１９９６）『〔新訳〕現代の経営〈上〉』ダイヤモンド社
弘子ラザヴィ（２０１９）『カスタマーサクセスとは何か―日本企業にこそ必要な「これからの顧客との付き合い方」―』英治出版
フィリップ・コトラー、ヘルマワン・カルタジャヤ、イワン・セティアワン著、恩藏直人監訳、藤井清美訳（２０１７）『コトラーのマーケティング４．０―スマートフォン時代の究極法則―』朝日新聞出版
フィリップ・コトラー、ヘルマワン・カルタジャヤ、イワン・セティアワン著、恩藏直人監訳・藤井清美訳（２０２２）『コトラーのマーケティング５．０―デジタル・テクノロジー時代の革新戦略―』朝日新聞出版
ブラッド・ストーン著、井口耕二訳（２０１４）『ジェフ・ベゾス 果てなき野望―アマゾンを創った無敵の奇才経営者―』日経BP
ペーテル・エールディ著、高見典和訳（２０２０）『ランキング―私たちはなぜ順位が気になるのか？―』日本評論社
マルコ・イアンシティ、カリム・R・ラカーニ著、渡部典子訳、吉田素文監訳（２０２３）『AIファースト・カンパニー―アルゴリズムとネットワークが経済を支配する新時代の経営戦略―』英治出版
宮下雄治（２０２２）『米中先進事例に学ぶ　マーケティングDX』すばる舎
宮下雄治（２０２３）『新時代のマーケティング―デジタル経済を動かすキーワード―』八千代出版
T・S・ロバートソン著、社会行動研究所・河村豊次訳（１９７３）『消費者行動の科学』ミネルヴァ書房
Greenleaf, E. A. and Lehmann, D. R., (1995), "Reasons for Substantial Delay in Consumer Decision Making," Journal of Consumer Research, Vol.22 (September), pp.186-199.
Mathur A., et al. (2019), Dark Patterns at Scale: Findings from a Crawl of 11K Shopping Websites.
Robertson, T.S., (1970), *Consumer Behavior*, Scott, Foresman and Company.
Solomon, M., Bamossy, G., and Askegaard, S. (1999), Consumer Behavior: A European Perspective, Prentice

Hall Inc.
Tsiros, M., and Heilman, C. M. (2005), “The Effect of Expiration Dates and Perceived Risk on Purchasing Behavior in Grocery Store Perishable Categories,” Journal of Marketing, Vol.69 (April), pp.114-129.
Vosoughi Soroush, Roy Deb, and Aral Sinan. (2018) “The spread of the true and false news online.”Science, Vol.359,Issue6380,pp.1146-1151.

参考資料

「朝日新聞」朝刊　２０２３年５月２日
「朝日新聞」朝刊　２０２３年11月11日
「共同通信」オンライン　２０２３年11月９日
https://nordot.app/1095010940432564664?c=39550187727945729
「時事通信」ドットコム２０２３年９月20日
https://sp.m.jiji.com/article/show/3051053
「日本経済新聞」朝刊　２０２２年11月22日
「日本経済新聞」朝刊　２０２３年１月１日
「日経産業新聞」　２０１９年７月31日
「日経ＭＪ」　２０２２年１月１日
「日経ＷＯＭＡＮ」　２０２３年１月号
「読売新聞」オンライン　２０２３年７月30日
https://www.yomiuri.co.jp/national/20230730-OYT1T50060/

帝国データバンクＨＰ「全国企業倒産集計２０２３年度」
https://www.tdb.co.jp/tosan/syukei/23nendo.html
ＡｄｏｂｅＨＰ「Fast facts」

https://www.adobe.com/content/dam/cc/en/fast-facts/pdfs/fast-facts.pdf
Adobe HP「お客様に寄り添う。アドビがめざすカスタマーサクセス。」
https://blog.adobe.com/jp/publish/2021/01/26/talent-interview-01
情報通信総合研究所（2016）「GDPに現れないICTの社会的厚生への貢献に関する調査研究報告書」
https://www.soumu.go.jp/johotsusintokei/linkdata/h28_04_houkoku.pdf
NHK放送文化研究所（2021）「国民生活時間調査2020　生活の変化×メディア利用」
https://www.nhk.or.jp/bunken/research/yoron/pdf/20210521_1.pdf
ユーザベースHP「Information」（2023年9月28日）
https://corp.newspicks.com/info/20230928
日本生産性本部HP「顧客満足度調査（JCSI）」
https://www.jpc-net.jp/research/jcsi/
日本生産性本部「JCSI 日本版顧客満足度指数　2023年度第1回調査 詳細資料」
https://www.jpc-net.jp/research/assets/pdf/shosai2023_01.pdf
LINEヤフープレスリリース（2021年4月9日）「ヤフー、令和3年度 知財功労賞「特許庁長官表彰」を初受賞」
https://about.yahoo.co.jp/pr/release/2021/04/09a/
LINEヤフーHP「Yahoo!メールからのお知らせ」2021年1月26日公開
https://whatsnewmail.yahoo.co.jp/yahoo/20210125a.html
日経クロストレンド「最高のオンライン体験をデザインせよ（第9回）」
https://xtrend.nikkei.com/atcl/contents/18/00457/00008/?i_cid=nbpnxr_parent
FiNE（ファインドスターグループ）HP「創業8年で売上34億円！airCloset急成長の裏側にある、〝顧客体験〟のつくり方」2023年1月10日
https://www.tsuhan-marketing.com/blog/marketing/interview_aircloset
アイスタイルプレスリリース（2023年12月21日）
https://www.istyle.co.jp/news/uploads/20231221.pdf

リクルートHP「経営理念」「沿革・歴史」「ビジネスモデル」
https://www.recruit.co.jp/company/philosophy/
オーケーHP
https://ok-corporation.jp/policy/
KATE ZONE HP
https://kate-zone.kao-kirei.com/?cid=KT_DT_BR_001_2301
リクルート進学総研HP「「コロナ禍に口紅は求められていない」という固定観念を疑い、メイクを楽しむ心を刺激」
https://souken.shingakunet.com/sECondary/series/series-13/
TikTok HP「Case studies」
https://www.tiktok.com/business/ja/inspiration/kate-lip-monster
TikTok for Business HP「『TikTok売れ』が起きる理由とは？『ケイト』〝リップモンスター〟の大ヒットの裏側をひも解く」
https://tiktok-for-business.co.jp/archives/11721/
クラシコムHP
https://kurashi.com/business
ビール女子 HP「笑顔あり涙あり！ファンによるファンのための祭り「ファン宴」を徹底解剖！」（2018年8月3日）
https://beergirl.net/yoho-fanutage2018_e/
Snow Peak HP「Snow Peak Way 2023」
https://www.snowpeak.co.jp/event/spw/
ワークマンHP
https://www.workman.co.jp/feature/ambassador/
いきなり！ステーキHP
https://ikinaristeak.com/nikumileage/
MMD研究所 HP「スマートフォンで写真撮影したデータの保存」2023年3月6日

https://mmdlabo.jp/investigation/detail_2179.html

日本インタラクティブ広告協会「インターネットメディアとインターネット広告の信頼向上に向けて―2021年ユーザー意識調査の結果と課題への取り組み―」2023年11月17日
https://www.jiaa.org/news/release/20221117_user_chosa/

厚生労働省プレスリリース「『令和4年度雇用均等基本調査』の結果概要」2023年7月31日
https://www.mhlw.go.jp/toukei/list/dl/71-r04/07.pdf

花王 HP「花王サステナビリティレポート2023」
https://www.kao.com/content/dam/sites/kao/www-kao-com/jp/ja/corporate/sustainability/pdf/sustainability2023-all.pdf

花王 HP「消費者志向宣言」
https://www.kao.com/content/dam/sites/kao/www-kao-com/jp/ja/corporate/sustainability/pdf/customer-first-005.pdf

花王 HP（My Kao）「年間17万件のお声を「より良い暮らし」の起点に。生活者コミュニケーションセンターの挑戦」
https://my.kao-kirei.com/sustainable/life/103/

花王 HP「お客さまからの声を活かした取り組みのご紹介」
https://www.kao.com/jp/support/products/yokimonodukuri/

ドン・キホーテ特設サイト「マジボイス」
https://www.majica-net.com/majivoice/

WEBCASニュースリリース（2021年4月19日）
https://www.webcas.jp/newsrelease/news458/

Forbes JAPAN HP
https://career.forbesjapan.com/story/274

メルカリ HP
https://mercan.mercari.com/articles/23055/

宮田昇始氏ブログ
https://blog.shojimiyata.com/entry/2018/12/11/185010
グラハム・ケニー（2021）「データは有益だが『顧客の声』の代わりにはならない」Harvard Business Review
https://dhbr.diamond.jp/articles/-/7604?page=3
Whim HP
https://whimapp.com/about-whim/
SmartHRプレスリリース（2023年11月21日）
https://smarthr.co.jp/news/press/26218/

宮下雄治（みやした　ゆうじ）

國學院大學経済学部教授。

東京大学大学院総合文化研究科博士課程中退。経済学博士。

主な研究領域は、リテンションマーケティングとデジタルを活用したマーケティング。

国内大手広告会社にて消費財メーカーのプロモーションの立案業務に従事したのち、流通のシンクタンクにて小売企業のCRM（顧客管理）業務とプロモーションの効果測定に携わる。その後、城西国際大学を経て現職。

現在は、国内の流通・サービス業を中心にリテンションマーケティングにおけるCRM戦略をはじめ、サブスクリプションや店舗DX等のマーケティング支援や研修活動に携わっている。

中国のデジタル経済の動向やプラットフォーマーのAIやフィンテックを活用したビジネスを長年にわたり研究し、メディア寄稿や講演、学会での発表を行なっている。

主な著書に『米中先進事例に学ぶ　マーケティングDX』（すばる舎、2022年）、『新時代のマーケティング』（八千代出版、2023年）がある。

こうして顧客《こきゃく》は去《さ》っていく
サイレントカスタマーをつなぎとめるリテンションマーケティング

2024年2月20日　初版発行
2024年6月1日　第2刷発行

著　者　宮下雄治 ©Y.Miyashita 2024
発行者　杉本淳一

発行所　株式会社日本実業出版社　東京都新宿区市谷本村町3-29 〒162-0845
編集部　☎03-3268-5651
営業部　☎03-3268-5161　振　替　00170-1-25349
https://www.njg.co.jp/

印刷／壮光舎　製本／共栄社

ISBN 978-4-534-06076-1　Printed in JAPAN